DE LA FORME D'ESPRIT
À LA MANIÈRE DE VIVRE

Bernard BAUDOUIN

LE ZEN
DE LA FORME D'ESPRIT À LA MANIÈRE DE VIVRE

EDITIONS DE VECCHI S.A.
20, rue de la Trémoille
75008 PARIS

Malgré l'attention portée à la rédaction de cet ouvrage, l'auteur ou son éditeur ne peuvent assumer une quelconque responsabilité du fait des informations proposées (formules, recettes, techniques, etc.) dans le texte.
Il est conseillé, selon les problèmes spécifiques – et souvent uniques – de chaque lecteur, de prendre l'avis de personnes qualifiées pour obtenir les renseignements les plus complets, les plus précis et les plus actuels possible.

Du même auteur :

Le pouvoir des formes qui nous entourent, éd. Sand & Tchou, 1988.
Comment pratiquer la radiesthésie, éd. Retz, 1989.
Cours d'écriture automatique, éd. De Vecchi, 1994.
La magie des superstitions, éd. De Vecchi, 1995.
Le Bouddhisme, une école de sagesse, éd. De Vecchi, 1995.
Le confucianisme, une conception morale de la vie, éd. De Vecchi, 1995.
La Franc-Maçonnerie, à paraître aux éditions De Vecchi.

Imprimé en Italie

Avant-propos

Depuis l'aube des temps, la foi est ancrée dans l'homme, au même titre que respirer, boire ou manger. Une foi aux mille visages, répondant à mille usages, du plus infime au plus extrême.

Sur tous les continents, à toutes les époques, la croyance est venue nourrir les tentatives communautaires, solidifier les contacts, jeter les bases d'un avenir meilleur et plus sûr. Partout, la foi a rapproché les hommes et fait progresser l'humain.

Elle a surtout mis en lumière cette quête mystique que tout être porte en lui, cette soif insatiable d'une dimension perdue, cette attente lancinante d'un retour à l'essentiel, ce besoin fondamental de réponses bien plus que matérielles pour assumer au mieux les rigueurs de l'existence.

Il était inévitable que cette foi trouvât son expression idéale dans une spiritualité "éclatée", offrant autant de nuances qu'il existe d'ethnies, de pays, de langues, en une étonnante palette d'une richesse incommensurable, mêlant rituels et secrets, dogmes et interdits, prières psalmodiées et silences méditatifs. Avec toujours, en tout temps et en tout lieu, cette identique ferveur qui ramène l'homme à sa dimension sacrée.

La collection "Spiritualités du monde : religions, mystères et traditions" est un voyage dans cet univers de la foi. Tel un reportage aux multiples facettes, gommant frontières et barrières, dans cet ailleurs intemporel où, en dépit des impératifs matériels, économiques et politiques, à toutes les époques, l'homme a su se reconnecter à l'essentiel par la seule force de sa foi.

Chaque ouvrage de la collection se veut une aventure, une recherche de lumière, un coup de projecteur sur une époque, une certaine approche de la spiritualité et de ses enracinements dans le concret le plus immédiat. En un mot, l'histoire d'un courant majeur de cette foi qui habite l'homme depuis toujours.

Quelle que soit l'époque à laquelle on s'intéresse, quels que puissent être les faits sur lesquels notre regard se focalise, qu'il s'agisse d'une frange d'histoire, d'un courant de pensée ou d'un simple fait, rien n'est isolé.

Tenter de comprendre, c'est forcément replacer ce qui nous intéresse dans une mosaïque de circonstances et d'événements, dans un contexte général qui, s'il n'explique pas tout, du moins cerne avec une authentique acuité ce que nous souhaitons mettre en lumière.

Nul ne peut percevoir l'importance d'une croyance, d'une religion, d'une philosophie ou d'une doctrine sans la replacer dans la vie d'un peuple, sans la parer du souffle du quotidien, qui lui donne sa véritable épaisseur. Le moindre détail n'a de valeur que remis dans son propre univers.

C'est pourquoi nous nous attacherons à rester au plus près des mœurs de l'époque présentée dans chaque ouvrage, simplement respectueux d'un cadre historique hors duquel toute présentation cohérente serait illusoire.

Introduction

Il y avait déjà bien longtemps que je voyageais, lorsqu'un jour l'envie me prit de faire une halte. Nous étions encore dans des temps obscurs et lointains. Les nations de toutes les contrées forgeaient peu à peu leur devenir, plus souvent par la force que par la raison.

J'avais quitté mon Maître depuis quelques années et me nourrissais avidement de tout ce que je rencontrais. J'avais beaucoup appris du savoir de cet être remarquable, mais ce que je découvrais à présent, chaque jour, m'émerveillait. Bien au-delà des mots et des grandes idées philosophiques, du savoir conservé des anciens, la vie était réellement un livre ouvert, dont chaque page ensemençait mon âme. C'est ce qu'avait pensé mon Maître en disant que j'étais prêt et qu'il me fallait désormais parcourir le monde. Comme toujours, il avait su quand le moment était venu.

A présent, beaucoup de temps a passé. Mes voyages m'ont conduit partout où les hommes ont tenté tant bien que mal de faire de leur monde un univers de paix et de prospérité. Maintes fois, j'ai traversé le temps comme les océans, gravi les montagnes, écouté les fureurs des éléments, découvert peuples et civilisations, ferveurs et renonciations, mais toujours une seule et même idée m'a guidé, telle une phrase de mon Maître obsédant ma mémoire : "Qu'il soit vainqueur ou perdant, chercheur ou errant, dévastateur ou pénitent, sage ou renégat, l'homme est un être de lumière, car il porte en lui la marque des dieux. C'est pourquoi il ne cesse de croire et d'espérer. Où que tu ailles, quoi que tu fasses, écoute-le, regarde-le, prête-lui ta chaleur et ton conseil, tu n'en seras que plus grand."

Aujourd'hui, c'est à mon tour de vous guider. Mettez vos pas dans les miens, posez votre main sur mon bras. Ecoutez et regardez. Le temps se dilue, seul compte l'essentiel...

Première partie

DÉFINITION

Qui d'entre nous connaît l'art de l'écoute juste
qui amène le silence à parler ?
La sagesse de l'Orient monte du silence.
La sagesse du zen aussi.
Et le zen nous apprend l'art de prêter l'oreille
au silence de l'Etre qui,
même au milieu du tumulte de ce monde,
nous appelle à la vérité.

Karlfried Graf Dürckheim

1.

Le contexte historique

Quelques instants de silence, une respiration qui s'apaise, un brin de concentration. Il n'en faut pas davantage pour nous faire traverser l'espace et le temps. Pour nous ramener aux sources de l'essentiel tel que le conçurent les maîtres du zen. Car tel est aujourd'hui le but de notre voyage.

Il suffit alors d'ouvrir les yeux pour contempler dans toute sa grandeur un univers sorti comme par miracle d'un lointain Orient foisonnant de vie. Terminus. Ici s'achève le "transfert" ; ici commence l'une des plus fascinantes histoires de l'homme en quête de spiritualité...

Nous sommes au cœur de la Chine ancienne, dans la seconde moitié du VIe siècle avant Jésus-Christ. Pourquoi la Chine ? Parce que c'est là, dans cet amalgame encore frémissant soumis aux soubresauts guerriers de violentes luttes intestines, sur le fondement des traditions séculaires d'une civilisation déjà florissante, que va bientôt apparaître l'un des courants de pensée les plus épurés et les plus novateurs de l'épopée humaine et spirituelle.

De fait, on ne saurait comprendre ce qui se prépare sans cerner avec précision le contexte social et intellectuel, les éléments déjà existants, sur lesquels va peu à peu germer la nouvelle pensée. Il est donc utile de dessiner brièvement au voyageur qui arrive dans cet "autre monde" les contours d'une société en perpétuelle effervescence.

Car, s'il est des courants de pensée qui sont apparus soudainement dans l'histoire de l'homme, le zen n'est pas de ceux-là. Au contraire, sa gestation fut longue, son mûrissement interminable au fil des siècles. Il s'est peu à peu nourri de multiples influences, affiné d'autant de nuances que furent nombreux ceux qui aidèrent à le révéler, à en affirmer l'épanouissement.

La naissance du zen a résulté d'un long cheminement dans la pensée chinoise, du franchissement d'une multitude d'obstacles car il remettait en cause le vieil équilibre d'antan, mais aussi d'âpres batailles doctrinaires aux conséquences parfois spectaculaires... et en fin de compte d'une évidente nécessité. Parce qu'il était un chemin vers l'absolu, une voie d'épuration, que l'on y adhérât ou qu'on le rejetât, le zen ne pouvait laisser personne indifférent. Car, avant de conduire à la paix intérieure, son rôle premier fut toujours de mettre en lumière les incohérences déstabilisantes de notre vie quotidienne – en un mot de "déranger" – et de démontrer l'inutilité de la moindre classification.

État des lieux : de l'univers selon le tao...

Lorsque par la magie du voyage se lève pour nous le rideau dévoilant la scène chinoise de ce temps lointain, le taoïsme est considéré comme la religion initiale de la Chine. Il repose sur un principe de base, le tao, qui serait commun à toute chose, et sur l'affirmation que la pensée intuitive est largement supérieure à toute approche intellectuelle de l'univers dans lequel vit l'homme.

Le tao arrive à son âge d'or vers 550 avant J.-C. avec Laotseu, surnommé le "Vieux Maître", qui rédige un texte intitulé *Tao-tö King*[1] dans lequel il résume sa conception de la vie et de l'univers. Le tao, c'est l'*élan vital* qui régit toute chose, à la fois le moteur de l'univers et son énergie. C'est une évidence qui peut être difficilement décrite par le langage, car le tao va bien plus loin que les mots : il les transcende. Il réalise l'unité fonda-

1. *Tao-tö King : Le Livre de la Voie et de la Vertu.*

mentale de l'esprit et de la matière : celui qui regarde et l'objet regardé ne font qu'un ; l'homme qui apprend et ce qui entre dans sa mémoire se révèlent identiques ; l'individu qui connaît et la chose connue ne sont pas distincts mais étroitement liés ; celui qui entend et les sons entendus s'avèrent intimement réunis dans la même dimension et non pas séparés, comme l'apparence nous en donne l'illusion.

En résumé, tout est lié, tout se tient, tout procède d'une seule et même énergie créatrice et vivifiante. Au-delà des impressions trompeuses d'une grande diversité, il existe une unité plus générale, qui englobe tout dans un principe unique d'harmonie. C'est ainsi que dans la Chine ancienne les adeptes du taoïsme s'érigent contre l'organisation sociale et toute forme de gouvernement, prônant que *le sage traite les choses par la non-interférence et enseigne sans paroles*. Si toutes les choses qui nous entourent se fondent en une seule énergie, il devient effectivement impossible de discerner les différences, de porter des jugements, de faire des critiques, d'imposer la priorité de tel ou tel choix ; l'intérieur et l'extérieur de l'homme ne sont plus séparés mais réunis dans une dynamique globale qui gomme les différences et dévoile un seul ensemble là où nous considérions jusqu'alors des entités distinctes.

Or ce "tout", cette "essence des choses", est accessible par notre instinct bien plus que par un quelconque savoir reposant sur l'intellect. C'est là un autre des enseignements majeurs du tao : la vraie connaissance est intuitive, elle ne peut être artificielle.

C'est justement sur cette notion de refus quant à l'intellectualisation de ce qui est considéré comme naturel que vont peu à peu apparaître les prémices de ce qui deviendra plus tard le zen. Mais avant cela, le taoïsme va traverser diverses phases "préparatoires", sur lesquelles chacun des successeurs de Lao-tseu va apposer son empreinte.

Près de deux siècles après le Vieux Maître, Tchouang-tseu devient lui aussi une figure emblématique du taoïsme. De même que son prédécesseur, il se garde bien de tomber dans le piège consistant à vouloir passer pour l'un des fondateurs d'une religion à part entière ; tout juste accepte-t-il d'assumer le rôle d'un "catalyseur" amenant les êtres à s'intégrer à la nature et non plus à s'y opposer.

Après maints aléas doctrinaires, ce que l'on nommera plus tard le "taoïsme philosophique" va être rejeté dans l'ombre durant près de quatre siècles, aussi longtemps que la dynastie Han régnera sur la Chine[2] et préférera apporter son soutien au confucianisme[3].

Au terme de cette période, poursuivant son lent mûrissement, le taoïsme resurgit, cette fois sous deux aspects distincts, le long silence forcé hors des sentiers officiels lui ayant permis de diversifier son approche : on trouve d'une part les adeptes du taoïsme ésotérique, aux consonances mystiques, centré sur des disciplines physiques visant à exacerber et à manipuler la conscience ; d'autre part une forme exotérique[4] du taoïsme, faisant appel à la métaphysique, plus populaire, aux accents de religion traditionnelle.

Tout au long des IIIe et IVe siècles de notre ère, la grande exigence et la rigidité du confucianisme apparaissent de plus en plus comme un frein à l'expression personnelle ; peu à peu, elles vont placer le taoïsme – de même que d'autres approches telles que le bouddhisme – au rang d'une opposition quasi naturelle.

Le taoïsme philosophique renaissant trouve en Kouo Hiang[5] un leader intellectuel d'envergure, précurseur du néo-taoïsme et véritable chantre du *wuwei*[6] le concept de non-intervention :

Le sage n'est pas celui qui s'enferme dans une vie d'ermite, mais un homme qui s'accomplit dans la vie politique et sociale,

2. Dynastie Han : 206 avant J.-C.- 220 après J. C.

3. Confucianisme : courant de pensée prônant l'obéissance à l'autorité, la hiérarchie sociale, la structuration à tous les niveaux et le respect des valeurs ancestrales.

4. Exotérique : se dit de doctrines qui, à l'opposé de l'ésotérisme, sont enseignées en public et vulgarisées.

5. Kouo Hiang : mort en 312.

6. *Wuwei* : *wu* : littéralement, "non-être".

bien que ses réalisations doivent être effectuées par la voie du wuwei, *la "non-intervention" ou "le fait de ne mener aucune action qui ne soit naturelle[7]." "Etre naturel" signifie exister spontanément sans avoir à prendre aucune initiative... Par "ne prendre aucune initiative" on ne veut pas dire croiser les bras et se taire. Si nous laissons simplement chaque chose agir d'elle-même, elle se contentera de sa nature et de sa destinée[8].*

... aux influences du bouddhisme

Pour qui s'intéresse à la naissance du zen en tant que quête spirituelle et mode de vie, il est incontournable de s'arrêter un instant dans l'examen des apports considérables du bouddhisme à cette "cause", lesquels contribuèrent fortement à solidifier le socle de ce nouveau courant de pensée.

Il est commun de dire que la fameuse "sagesse sans paroles" du zen, qui impressionne tellement les Occidentaux, trouve son origine dans le bouddhisme. Il n'est pour s'en convaincre qu'un détail, qui a cependant son importance : "méditation" se dit *dharma* en Inde, se traduit *chan* en Chine ; l'introduction du bouddhisme en Chine donnera naissance à l'école chinoise du Chan... que les Japonais appelleront plus tard le *zen.*

Au-delà de l'anecdote, c'est bien d'un véritable apport de fond dont il s'agit. Même s'il ne doit pas être considéré comme la source unique de ce qui va peu à peu se dessiner comme l'essence du zen. Car, en Chine, rien ne se fait dans l'instant : il faut "laisser le temps au temps"...

En introduisant un enseignement se situant au-delà des mots, ses principaux maîtres n'ayant pratiquement pas laissé de traces écrites, le bouddhisme a ouvert la voie au silence, à une plongée

7. Thomas Hoover, *L'Expérience du zen*, Albin Michel.

8. Théodore de Bary, Wing-tsit Chan et Burton Watson, *Sources of Chinese Tradition*, vol.1, Columbia University Press, New York, 1960, cité par Thomas Hoover.

spirituelle dans le “non-dit”. On ne peut cependant sous-estimer le travail de préparation effectué sur le sol chinois par le taoïsme, notamment dans son combat contre la rigueur du confucianisme. Ainsi que le remarque fort justement Thomas Hoover :

Le taoïsme avait bien sûr éliminé la confusion confucianiste qui emprisonnait l'esprit chinois, mais ce fut le bouddhisme qui donna à la Chine la structure philosophique nouvelle nécessaire en lui apportant les spéculations métaphysiques de l'Inde. Le naturalisme chinois pur rencontra l'abstraction indienne et de leur union naquit le Chan. L'école du Chan était en partie le résultat du greffage de fragiles idées étrangères (le bouddhisme) sur une espèce de compréhension indigène vigoureuse (le taoïsme). Mais sa simplicité était, de multiples manières, une réexpression des connaissances originelles du Bouddha[9].

L'objectif du bouddhisme n'était pas de créer une mythologie de dieux. Dans un élan fortement novateur pour son temps, il s'intéressait plutôt à l'homme, à son esprit et à ses souffrances. Il expliquait le malheur et la douleur comme résultant du désir : il suffisait dès lors d'éliminer celui-ci pour retrouver la paix et ne plus souffrir. C'est ainsi que naquit la définition du monde physique comme n'étant qu'illusion et source d'asservissement. Le seul moyen de rompre cet attachement consistait à renoncer au monde matériel et à se libérer spirituellement – s'élever – du carcan des désirs[10].

Lorsque le Bouddha atteint définitivement le nirvana parfait, en 480 avant Jésus-Christ, tout est dit. Il ne reste plus à ses paroles qu'à traverser le temps pour accomplir leur œuvre. Le maître n'ayant pas jugé nécessaire de formuler son enseignement par écrit, ses disciples entreprennent de le transcrire en écrivant les sutras, ces sermons qui dévoilent la pensée de l'Eveillé.

9. Thomas Hoover, *op. cit.*

10. Pour plus de précisions quant aux fondements du bouddhisme, on pourra se référer à nombre d'ouvrages cernant en profondeur les multiples aspects de cette religion. Notamment *Le Bouddhisme*, de Bernard Baudouin, éd. De Vecchi.

Dans les siècles qui vont suivre, ces références seront diversement interprétées, pour finalement aboutir à l'éclatement de la communauté bouddhique. Deux courants majeurs apparaissent alors :

– le bouddhisme des origines, ou *Hînayâna* (Petit Véhicule), s'en tenant aux conceptions sans concessions du Bouddha et vénérant le canon pâli[11] ;

– le bouddhisme "modernisé", ou *Mâhâyana* (Grand Véhicule), accessible à un plus grand nombre. Cette seconde approche se répandra bientôt en Chine et au Japon.

Au IIe siècle de notre ère, le grand philosophe bouddhiste Nagarjuna est sans conteste la figure de proue d'un mouvement qui diffuse largement les textes sanscrits du Mâhâyana, notamment le *Sermon sur la perfection de la sagesse*, le *Sutra du Diamant* et le *Sutra du Cœur*. Mais il doit surtout imposer sa vision de l'univers grâce à un écrit dont il est lui-même l'auteur : *La Voie du Milieu*.

Sa conception tend à préconiser une voie médiane entre un univers matériel des plus concrets et l'abstraction totale niant purement et simplement l'existence. Selon lui, il existe une réalité au-delà de l'esprit, insaisissable par de simples concepts, qu'il nomme *sunyata*, ou "vacuité", et définit ainsi :

Rien n'entre dans l'existence et rien ne disparaît. Rien n'est éternel et rien n'a de fin. Rien n'est identique ou différencié. Rien ne se meut çà et là.

Tout ce qui est hors de nous n'existant que par la perception de nos sens et, de plus, étant changeant d'un instant à l'autre, nous évoluons en fait dans un univers éphémère, où chaque chose n'est en réalité qu'une création de notre esprit. Il n'y a rien de réel dans ce que nous percevons, rien qui existe véritablement hors de nous-même, sinon le vide. Une vacuité qui, loin d'être réductrice, nous donne au contraire plus de liberté, grâce à une approche du quotidien qui n'est plus "dépendance" mais "conscience sans attachement".

11. Canon pâli : texte rédigé dans un dialecte du Nord-Est de l'Inde, proche du sanscrit.

A posteriori, cette avancée dans la conception de l'univers va faire de Nagarjuna l'un des vingt-huit patriarches indiens légendaires du zen.

Mais pour le moment le bouddhisme pose quelques problèmes aux Chinois, comme autant de signes annonciateurs d'une évolution inévitable. La mendicité, le célibat ou l'oubli des ancêtres, qui sont au nombre des particularités premières du bouddhisme indien, ne peuvent qu'incommoder la mentalité chinoise. De plus, alors que le bouddhisme vise l'interruption du cycle des renaissances, la tradition chinoise a élaboré au fil des siècles une conception du temps et du devenir de l'homme qui est censée le conduire en droite ligne vers ses ancêtres.

Un pas décisif est franchi par Kumarajiva[12], un missionnaire indien qui, malgré vingt années d'emprisonnement, entreprend avec méthode et rigueur, entouré d'un grand nombre de traducteurs, rédacteurs et copistes, d'adapter les textes sacrés du bouddhisme indien à la mentalité chinoise. Dans le même temps, il épure et clarifie la conception taoïste du vide – *Sunyata* – de Nagarjuna. Ces travaux, d'une valeur intellectuelle indiscutable et unanimement reconnue, serviront de fondement à un renouveau du bouddhisme chinois, démarqué de ses origines indiennes.

Poursuivant les travaux de ses prédécesseurs, Sengzhao[13] apporte à son tour une pierre à l'édifice du Chan naissant, par la synthèse qu'il réalise entre le taoïsme et le bouddhisme. Il écrit notamment le *Livre de Zhao*, regroupant trois traités où il vante les mérites de la connaissance intuitive ainsi que le besoin pour la vérité d'être directement expérimentée et non pas issue du raisonnement, car elle se trouve au-delà des mots.

Daosheng[14], pour sa part, introduit la notion fondamentale et réellement novatrice – qui deviendra bientôt prépondérante au sein de la pensée zen – de l'éveil devant surgir instantanément.

12. Kumarajiva : 344-413.

13. Sengzhao : 384-414.

14. Daosheng : 360-434.

La raison, disait-il, *en est simple : puisque les bouddhistes disent que le monde est un, rien n'est divisible, même la vérité, et par conséquent la compréhension subjective de la vérité doit venir d'un seul coup ou pas du tout. La conquête laborieuse et graduelle de l'éveil, incluant l'étude et la méditation, pouvait se poursuivre pas à pas ; elle est salutaire et digne d'intérêt, mais "atteindre l'autre rive ", pour reprendre la phrase du* Sutra du Cœur *qui décrit l'éveil, requiert un saut par-dessus l'abîme, une prise de conscience qui doit vous frapper de toute sa force la première fois.*

Qu'est-ce, exactement, que vous comprenez sur l'autre rive ? Vous en venez d'abord à prendre conscience – car vous pouvez seulement prendre conscience intuitivement et directement – que l'éveil a toujours été en vous. C'est au moment où vous reconnaissez enfin que vous l'étiez déjà que vous êtes éveillé. La prise de conscience suivante est qu'en réalité il n'y a pas d'"autre rive", puisque l'atteindre signifie prendre conscience qu'il n'y avait rien à atteindre[15].

Avec le temps, cette approche singulière – lui ayant valu bien des inimitiés parmi ses contemporains – fera pour certains de Daosheng le fondateur idéologique et le père spirituel du zen. De fait, il réalise la synthèse entre le bouddhisme enseignant l'union avec le Vide et le taoïsme celle avec le tao : de là naîtra le zen, ayant pour fondement l'unicité du Vide qui englobe toute chose et toute réalité.

Dès lors, le décor est planté, le sujet choisi, le temps venu pour qu'entrent en scène les maîtres qui peu à peu vont donner au zen ses lettres de noblesse et lui permettre de s'épanouir au-delà de toute attente.

15. Thomas Hoover, *op. cit.*

2.

Aux sources du zen

De même qu'une lampe permet
de dissiper mille ans d'obscurité,
un éclair de sagesse détruit dix mille ans d'ignorance.

Hui-neng, *Sutra de l'Estrade*

Il existe mille manières de voyager. Certains le font dans l'espace, géographiquement, d'un point à un autre, ou bien enchaînent les étapes, en un périple plus ou moins aventureux.

D'autres, plus téméraires ou dévorés d'une curiosité ardente, s'y hasardent dans le temps, faisant de l'Histoire le support de leur "envie de savoir", le prétexte à toutes les découvertes.

En privilégiant cette seconde approche, nous avons opté pour un fascinant parcours au fil des siècles, choisissant résolument de délaisser les sonorités ambiantes pour plonger dans l'univers silencieux de la mémoire de l'homme.

Du bruit au silence… C'est bien là tout ce que le zen se propose de nous offrir. N'est-il pas de plus beau et palpitant retour aux sources que celui-là ?

Je ne suis aujourd'hui votre guide qu'à cet effet. Peu importent les décennies et le temps qu'il faudra parcourir. Une quête n'a de valeur que par l'absolu qu'elle porte en elle. Par l'engouement qu'elle suscite et l'abandon de soi qu'elle provoque. C'est à la fois une recherche et un dépouillement, un dépassement générateur d'évolution. Une aventure aux troublantes connotations initiatiques.

Fortement imprégnée par le taoïsme, remise en question par le confucianisme puis littéralement bousculée par le bouddhisme, sans encore le savoir, la Chine du VIe siècle de notre ère s'apprête à vivre l'un des tournants majeurs de son histoire intellectuelle et spirituelle.

Avec le recul du temps, les épisodes précédents nous apparaissent comme préparatoires à l'émergence d'une pensée nouvelle, d'un courant fort et généreux, porteur de tous les espoirs. Une fois les conceptions bouddhiques adaptées à la pensée chinoise, la porte est désormais ouverte non seulement à une autre vision du monde, mais aussi du rôle de l'homme dans celui-ci...

Bodhidharma : l'empreinte d'un précurseur

C'est une nouvelle fois de l'Inde – décidément source généreuse de toutes les richesses spirituelles – que va venir celui que les générations futures vénéreront comme le premier patriarche du zen.

Bien que les sources divergent, il semblerait que ce soit à Canton, port florissant de la Chine du Sud, que débarque en 520 le dénommé Bodhidharma[1]. Répondant à l'invitation de l'empereur Wu[2] converti au bouddhisme, il se rend sans tarder à Nankin pour rencontrer celui-ci.

Au terme d'une visite mémorable, ayant laissé le souverain décontenancé par la sagesse du maître, Bodhidharma prend la route du Nord, gagne le mont Song et s'installe dans le monastère de Shaolin. Il y restera neuf ans en méditation, assis face à un mur.

Sa venue coïncide avec une poussée significative de la foi bouddhiste en Chine. La ferveur de l'empereur est telle qu'il oblige ses proches et sa cour à délaisser le taoïsme pour se convertir. S'entourant de moines bouddhistes, il confie à ceux-ci

1. Bodhidharma : 470-532, fils d'un roi brahmane de l'Inde méridionale.

2. Wu : empereur de la dynastie des Liang, qui régna de 502 à 549.

d'importants postes de conseillers et leur donne les moyens de construire de nombreux temples.

Dans l'enceinte paisible de son monastère, Bodhidharma expérimente peu à peu un nouveau mode de conscience et met en place les fondements de ce qui va devenir le zen. S'appuyant sur les sutras et les apports du bouddhisme traditionnel, il crée le principe de "contemplation du mur" et renforce l'importance du *mondo*, cet échange entre maître et élève destiné à tester le niveau de conscience de ce dernier.

L'essence de ce qui traversera bientôt les âges comme étant un enseignement, dévoilant aux hommes divers moyens de parvenir à l'éveil, se trouve dans l'un des rares écrits que l'on puisse attribuer à Bodhidharma avec une quasi-certitude :

Il y a plusieurs moyens d'entrer dans la voie, mais en résumé il n'y en a que deux catégories ; l'une est l'"Entrée par la Raison", et l'autre l'"Entrée par la Conduite". Par "Entrée par la Raison" nous voulons parler de la compréhension de l'esprit du bouddhisme à l'aide de l'enseignement des écritures. Nous arrivons alors à avoir une foi profonde dans la "Vraie Nature", qui est une seule et même chose dans tous les êtres doués de sensibilité. La raison pour laquelle elle ne se manifeste pas est due à l'illusion qui enveloppe les objets extérieurs et les fausses pensées. Lorsque, abandonnant le faux et embrassant le vrai, on se réfugie en parfaite sincérité de pensée dans biguan[3]*, on trouve qu'il n'y a ni moi personnel ni rien d'extérieur au moi, que les masses et les individus éminents sont une seule et même essence ; on s'en tient alors fermement à cette croyance et on ne s'en écarte jamais plus. Un tel homme ne sera plus guidé dorénavant par des instructions écrites, car il est en communication silencieuse avec le principe lui-même ; il sera libéré de toute discrimination par voie de concept, car il est plein de sérénité et non agissant*[4].

3. *Biguan* : ou *pi-kouan*, littéralement "la contemplation du mur" (NDA).

4. Traduit par D.T. Suzuki dans *Essays in Zen Buddhism*, (First Series, Grove Press, New York, 1961), à partir des *Annales de la transmission de la lumière de la lampe*, recueillies en 1004 par Daoyuan.

Là encore, il s'agit de parvenir à ne plus faire de distinction entre nous et l'univers qui nous entoure, mais aussi à délaisser l'intellect et l'écrit pour s'en remettre aux vertus spontanées de la pensée intuitive.

Quant à la deuxième catégorie, les précisions qui l'accompagnent sont également significatives :

L'"Entrée par la conduite" désigne les Quatre Actions dans lesquelles tous les autres actes sont compris. Quelles sont-elles ? 1) Comment répondre à la haine. 2) Etre obéissant envers le karma. 3) Ne jamais poursuivre quoi que ce soit. 4) Etre en accord avec le Dharma.

Que veut-on dire par : "Comment répondre à la haine" ? Ceux qui se forment sur la Voie doivent penser ainsi quand il leur faut lutter contre des conditions adverses : pendant les innombrables âges du passé, j'ai erré à travers la multiplicité des existences, m'abandonnant constamment à des détails dénués d'importance au détriment de ce qui est essentiel dans la vie, et créant ainsi des occasions infinies de haine, de mauvais vouloir et d'actions mauvaises. Aucune action perfide n'a été commise dans cette vie, mais cependant c'est maintenant que les fruits des fautes du passé doivent être récoltés. Ni les dieux ni les hommes ne peuvent prévoir ce qui m'arrivera. Je me soumettrai avec bonne volonté et patience à tous les maux qui tomberont sur moi, jamais je ne gémirai ni ne me plaindrai. Dans le sutra on dit de ne pas se tourmenter sur les maux qui peuvent nous advenir. Pourquoi ? Parce que par l'intelligence on peut avoir une vue générale (de toute la chaîne des causes interdépendantes). Lorsque cette pensée s'élève, on est en accord avec le principe parce qu'on fait de la haine le meilleur usage qu'on puisse en tirer en la faisant servir à sa progression sur la Voie. C'est cela qui est appelé "la façon de répondre à la haine".

Cela revient à dire que toutes les épreuves qui un jour ou l'autre apparaissent en travers de notre chemin ne sont que la contrepartie d'actes ou de pensées négatifs commis antérieurement ; avec ce rachat des erreurs passées, c'est d'un "solde à régler" dont il s'agit, d'une compensation bénéfique visant à rétablir l'équilibre indispensable – et incontournable ! – entre bien et mal.

Par-delà la justice des hommes, il existe une logique fondamentale qui a pour fonction de réajuster sans cesse les niveaux de la balance personnelle de chacun. Osciller en permanence entre le plus et le moins est le lot de chaque être… Encore faut-il savoir qu'il est un prix à payer pour tout dérapage vers un excès de négativité.

C'est pourquoi il est vital d'admettre ce qu'il advient dans une trajectoire humaine, d'accepter son karma, en bien comme en mal… car de toute façon rien n'a de réelle importance. Tel est le contenu de la deuxième Action de l'"Entrée par la Conduite" :

Nous devons savoir que tous les êtres doués de sensibilité sont produits par les effets combinés des conditions karmiques, et en tant que tels il ne peut y avoir de moi en eux. Les fils mêlés du plaisir et de la souffrance sont tous tissés à partir des fils des causes qui imposent des conditions… Laissez donc les gains et les pertes courir leurs courses naturelles selon les conditions et les circonstances toujours changeantes de la vie, car l'Esprit lui-même ne s'accroît pas avec les gains et ne diminue pas avec les pertes. De cette manière aucune tempête d'autosatisfaction ne s'élèvera et votre esprit demeurera en harmonie cachée avec le Dao[5]*. C'est dans ce sens que nous devons comprendre la règle d'adaptation aux conditions et aux circonstances variables de la vie.*

Cette seconde Action conduit naturellement à se détacher de l'intensité quotidienne de ce qui peut survenir dans une existence. Alors reparaît dans toute sa force l'enseignement du Bouddha et la progression nécessaire vers le non-attachement, ainsi que le définit la troisième Action :

Toute leur vie, les hommes à travers le monde demeurent non éveillés ; partout nous les voyons liés par leurs désirs et leurs convictions. C'est ce qu'on appelle l'"attachement". Les sages cependant comprennent la vérité, et leur raison leur dit de se

5. *Dao : Tao.*

détourner des voies séculières. Ils jouissent de la paix de l'esprit et du parfait détachement. Ils ajustent les mouvements de leur corps aux revers de fortune, toujours conscients de la vacuité du monde, des phénomènes dans lequel ils ne trouvent rien à convoiter, rien dont se réjouir... Tout ce qui a un corps est héritier de souffrance et étranger à la paix. Ayant compris cette vérité, les sages restent détachés de tout ce qui appartient au monde des phénomènes. Les écritures disent : "Toutes les souffrances jaillissent de l'attachement ; la vraie joie naît du détachement". Connaître clairement la béatitude du détachement est marcher véritablement sur la voie du Dao.

En finale, comme l'exprime la quatrième Action, l'homme est invité à ne plus différencier sujet et objet, pour enfin réaliser l'unicité de l'univers qui l'entoure, l'union fusionnelle du moi avec le monde extérieur :

Le Dharma n'est rien d'autre que la Raison qui est pure dans son essence. Cette Raison pure est la Forme sans forme de toutes les formes. Elle est au-dessus de la souillure et de l'attachement, et elle ne connaît ni "moi" ni "autre".

Tel est le premier exposé cohérent des objectifs du zen. On vénérera longtemps Bodhidharma pour en avoir facilité la compréhension, même s'il sera démontré bien des siècles plus tard qu'une grande partie de ce texte a été empruntée au *Sutra Vajrasamadhi.* Il n'en demeure pas moins que son utilisation, conjointe à l'enseignement de *pi-kouan*, marquera les vrais débuts du zen en tant que courant de pensée et pratique de *dhyana*[6].

De fait, c'est essentiellement une pratique méthodique et intensive de la méditation "face au mur" qui va donner au zen son assise principale et constituer la vraie réforme apportée dans les pratiques bouddhiques antérieures. Au lieu d'utiliser l'esprit aux seules fins de développer des pouvoirs magiques, comme cela se pratiquait couramment auparavant, la méditation va désormais permettre de "gommer" en totalité l'esprit rationnel, de s'en affranchir pour retrouver la paix et la sérénité.

6. *Dhyana* : méditation.

Un jour, conscient d'avoir pleinement accompli sa mission, Bodhidharma désigne son successeur en la personne d'un disciple nommé Huike, lui transmet une copie du *Sutra Lankavatara* et quitte le monastère pour ne plus jamais réapparaître. En guise d'héritage spirituel, celui que l'on surnommera le "Maître de la Loi" lègue à la Chine les règles de base d'une nouvelle conscience de l'homme.

Huike : premier maître chinois du Chan

Lorsqu'il accède au rang qui lui permettra plus tard d'être considéré comme le second patriarche du zen, Huike[7] vient de passer six années auprès du maître Bodhidharma. Grand érudit chinois, intellectuel complet ayant une connaissance approfondie du confucianisme, du taoïsme et du bouddhisme, il a près de quarante ans lorsqu'il choisit finalement de renoncer à une brillante position sociale pour devenir moine bouddhiste. Dans la plus pure lignée de son prédécesseur, il se détachera peu à peu de l'intellectualisme pour consacrer toute son énergie à l'"expérience pure".

Huike s'écarte bientôt de toute vie publique, prône la plus grande humilité et se consacre aux vertus simples de la vie paysanne. Il y puise à l'évidence une grande force intérieure.

Dans le même temps, il étudie sans relâche le *Sutra Lankavatara*, qui servira de référence théorique au zen pendant plus de deux siècles. Ce texte est censé transmettre les pensées qu'eut Bouddha lors d'un séjour en ermite sur une montagne du Sri Lanka :

Selon le Lankavatara, le monde et la perception que nous en avons font l'un et l'autre partie d'une entité conceptuelle plus vaste. Les enseignements du Lankavatara mettent sérieusement en doute la véritable existence des choses que nous croyons voir. La discrimination entre soi et le reste ne peut qu'être

7. Huike : 487-593.

fausse puisque tous deux sont de simples manifestations de la même essence ambiante, l'Esprit. Notre perception est trop facilement déçue et c'est pourquoi nous ne devons pas faire confiance aux images qui parviennent à notre conscience. (...) La réalité se situe au-delà de ces discriminations sans importance. L'intellect est également impuissant à distinguer le réel de l'illusoire, car tout est à la fois réel et illusoire, mais jamais au même moment[8].

Toute la force de son enseignement réside dans prajna (la plus haute connaissance intuitive), laquelle transcende ce qui est écrit. (...) L'essence de cet enseignement consiste à atteindre l'inaccessible, c'est-à-dire à saisir directement la vérité elle-même en oubliant parole et pensée[9].

Huike, au travers de son enseignement de *dhyana*, se veut un homme simple. Il prône le retour à la nature originelle de l'homme, avant un quelconque apprentissage social ou la moindre règle de pensée. Dans son aide permanente pour mener ses disciples à l'éveil, tout tourne sans cesse autour du fait que chaque chose jaillit de l'Esprit unique et qu'il n'existe pas de dualité. Tout est Un.

Il résume parfaitement son approche spirituelle dans une réponse faite à un dévot laïque, qui sera le seul écrit de lui à parvenir dans le futur :

Vous avez parfaitement compris le Dharma tel qu'il est ; la vérité la plus profonde réside dans le principe d'identité. C'est à cause du principe de l'ignorance que le joyau de l'esprit est pris pour un morceau de brique, mais, dès qu'on est soudain éveillé à l'Illumination, on comprend qu'on est en possession d'un royaume réel. L'ignorant et l'Illuminé sont de même essence, ils ne doivent pas en réalité être séparés. Nous devrions savoir que toutes les choses sont telles qu'elles sont. Ceux qui conservent une vision dualiste du monde doivent être

8. Thomas Hoover, *L'Expérience du zen*, *op. cit.*

9. Cité par D.T. Suzuki dans *Studies in the Lankavatara Sutra*, Routledge & Kegan Paul, Londres, 1930.

pris en pitié, et j'écris cette lettre pour eux. Lorsque nous savons qu'entre ce corps et le Bouddha il n'y a rien qui sépare l'un de l'autre, à quoi sert de chercher le Nirvâna (comme quelque chose d'extérieur à nous-même)[10] ?

La longue "chaîne" des patriarches

A la mort de Huike, exécuté sur les accusations fallacieuses d'un prêtre rival, le Chan devient une école d'envergure, qui désormais a pignon sur rue et acquiert rapidement une position sociale cohérente. Bien qu'ayant encore des difficultés à se rassembler en un mouvement structuré, les maîtres de *dhyana* sont reconnus.

Déjà il ne s'agit plus de s'imprégner des idées du bouddhisme venu de l'Inde, mais bien de développer une version chinoise du bouddhisme, de *faire plier la pensée bouddhique aux exigences intellectuelles chinoises.* Or, pour crédibiliser son approche, le Chan a besoin d'une histoire ; il va donc s'employer à mettre en place une chaîne ininterrompue de patriarches..., quitte à combler certains manques *a posteriori* !

Seng-ts'an[11], Tao-sin[12], Fa-jong[13] et Hong-jen[14] vont être dans cet ordre les dignes successeurs de Huike et marquer de leur empreinte hautement spirituelle la Chine du VIIe siècle.

Alors que Seng-ts'an s'emploie à affiner la fusion entre le taoïsme et le bouddhisme, Tao-sin va être pour sa part à l'origine de la tradition monastique du Chan. Sous son influence, la vie en communauté s'organise, devient plus autonome grâce à une production agricole régulière et renonce le plus souvent à la

10. Cité par D.T. Suzuki, dans *Essays in Zen Buddhism., op. cit.*

11. Seng-ts'an (mort en 606).

12. Tao-sin (580-651).

13. Fa-jong (594-657).

14. Hong-jen (601-674).

mendicité. Cette structuration interne fera beaucoup pour la reconnaissance du Chan par la société chinoise, attirant notamment de nombreux intellectuels déçus par les troubles politiques incessants de l'époque. C'est désormais une image de respectabilité qui va s'attacher à la pratique de *dhyana*. Tao-sin y contribue largement en mettant au point de nouvelles techniques pour permettre aux novices de s'adonner à la méditation avec une plus grande intensité :

C'est avec gravité que vous devez vous asseoir pour méditer ! Etre assis en méditation est essentiel à toute autre chose. Quand vous aurez fait cela pendant trois à cinq ans, vous serez capable de prévenir l'inanition en vous nourrissant très peu. Fermez la porte et asseyez-vous ! Ne lisez pas les sutras et n'adressez la parole à personne ! Si vous avez la volonté de vous exercer de cette manière et de persister longtemps, le fruit en sera aussi doux que la chair qu'un singe tire de la coque d'une noix. Mais de telles personnes sont très rares[15].

Il faudra attendre le début du XXe siècle pour que l'on découvre un texte lui étant également attribué, dans lequel il prône l'abandon du corps :

La méthode pour abandonner le corps consiste d'abord en une méditation sur le Vide ; par là l'esprit (conscient) est vidé. Que l'esprit dans son univers soit apaisé jusqu'à atteindre un état parfait de tranquillité ; que la pensée soit projetée dans le mystère de la quiétude, de manière à ce que l'esprit soit empêché d'errer d'une chose à une autre. Quand l'esprit est apaisé dans ses plus profondes demeures, ce qui l'embarrassait est tranché. (...) L'esprit dans son absolue pureté est le Vide lui-même[16].

Une fois encore, après bien d'autres, Tao-sin affirme et met en pratique les valeurs de la non-distinction, du non-attachement, de la non-discrimination. Il est clair pour ce grand maître que la seule voie qui conduit à l'éveil est de renoncer aux émo-

15. Cité par Heinrich Dumoulin dans *A History of Zen Buddhism*, Beacor Press, Boston, 1969.

16. Heinrich Dumoulin, *op. cit.*

tions et à toute forme de valeur, de jugement, de choix. Il suffit simplement d'être soi-même, aussi naturel que l'enfant qui vient de naître, et de ne pas se laisser "embarquer" par ses pensées dans telle ou telle direction. En d'autres termes que ceux employés dans l'Inde ancienne, c'est affirmer que là est le chemin qui mène à l'illumination que connut le Bouddha :

Rien ne manque en vous et vous n'êtes pas différent du Bouddha. Il n'y a d'autre manière de parvenir à l'état de Bouddha que de laisser à votre esprit la liberté d'être lui-même. Vous ne devriez contempler ni purifier votre esprit. N'y laissez entrer ni désir obsédant ni haine, et n'ayez ni crainte ni anxiété. Soyez sans limites et absolument libre de toutes les conditions. Ayez la liberté d'aller dans la direction qui vous plaît, quelle qu'elle soit. N'agissez ni dans le but de faire le bien, ni dans celui de poursuivre le mal. Que vous marchiez ou que vous restiez, que vous soyez assis ou couché, quoi qu'il vous arrive il s'agit de la merveilleuse activité du Grand Illuminé. Tout est joie, sérénité – c'est ce qu'on appelle Bouddha[17].

Fa-jong, quant à lui, est bien involontairement à l'origine de la première "pulsion dissidente" du zen, par le biais d'un pèlerin japonais qui remporte dans son pays l'essence de son enseignement, lequel fleurit sur cette terre étrangère jusqu'au VIIIe siècle. Mais son approche du Chan est par trop classique et proche du bouddhisme pour se perpétuer plus longtemps.

Ce n'est véritablement qu'avec Hong-jen que le zen commence à trouver sa future voie. Entouré de plusieurs centaines de disciples dans son monastère, il a le mérite d'ouvrir le débat philosophique qui oppose deux conceptions majeures : d'une part celui de l'*éveil graduel*, de l'autre celui de l'*éveil subit*. Mais, au-delà de ces définitions quelque peu simplistes, ce sont deux mondes qui s'affrontent : au Nord, la connaissance intellectuelle et sophistiquée des villes, basée sur l'étude du *Sutra Lankavatara* ; au Sud, l'approche intuitive des maîtres ruraux se référant au sutra occulte du Diamant.

17. Cité par Chang Chung-yuan dans *Tao : a New Way of Thinking*, New York, Perennial Library, 1977.

De l'éveil graduel à l'éveil subit

Malgré leurs vœux de sérénité et leur recherche de la paix intérieure, il est inévitable, dans un pays d'une telle immensité, aux nuances ethniques si différentes, aux courants de pensée si nombreux, que les maîtres du Chan en viennent à s'affronter. A mesure que le Chan est reconnu par les milieux gouvernementaux – la dynastie des Tang[18] – et suscite les honneurs de ceux-ci, la première partie du VIIIe siècle va être le cadre temporel d'une rivalité sans précédent.

Lorsque Shenxiu[19] est invité à la cour par l'impératrice Wu, il est déjà très connu. Il a passé plusieurs décennies à acquérir une pratique de méditation particulièrement rigoureuse. En fait, c'est un homme avancé en âge – plus de quatre-vingt-dix ans – vénérant le *Sutra Lankavatara* et se réclamant de Bodhidharma, ayant étudié avec le patriarche Hong-jen jusqu'à la mort de celui-ci, qui est investi du titre de sixième patriarche du zen.

Cette période est généralement considérée comme l'apogée du Chan officiel, voyant la "tendance Lankavatara" atteindre son prestige le plus grand. Cela tient essentiellement au fait que l'époque est aussi la plus brillante de la Chine ancienne ; en effet, la dynastie Tang marque à tout jamais le pays d'une empreinte d'un éclat sans pareil : poésie, arts, architecture, culture… Tous les domaines affichent une florissante créativité qui, dans les siècles à venir, sera longtemps considérée comme l'une des plus lumineuses qu'ait connues la pensée chinoise. Mais déjà, dans l'ombre, se profilent et la chute du gouvernement et la remise en question de Shenxiu comme héritier légitime de la lignée des patriarches zen.

L'artisan de ce qui va apparaître comme la plus grande fracture au sein du zen naissant a pour nom Shen-hui[20]. Lui aussi a été le disciple de Hong-jen, mais, à la mort de ce dernier, les

18. La dynastie des Tang a régné sur la Chine de 618 à 907.

19. Shenxiu : 605-706.

20. Shen-hui : 670-762.

deux maîtres ont suivi des voies distinctes : Shenxiu s'est dévoué à Puji, porte-parole de l'école du Nord et du *Sutra Lankavatara* ; alors que Shen-hui a suivi Hui-neng, maître du Sud et adepte du *Sutra du Diamant*.

C'est en 732, lors d'un synode rassemblant les hauts dignitaires du Chan, que Shen-hui entre véritablement dans l'Histoire : devant l'assemblée réunie, il ne fait rien moins que dénier à Shenxiu le droit de passer pour l'héritier de Hong-jen et le traite d'usurpateur au titre de sixième patriarche, qui selon lui devrait revenir à Hui-neng. Cette prise de position courageuse fait grand bruit, d'autant que Shenxiu est soutenu par la famille impériale. Ainsi s'affirme au grand jour la discorde fondamentale entre l'école du Nord et l'école du Sud.

Pendant plus de vingt années, fidèle à ses convictions, Shen-hui ne cessera de voyager à travers le pays et de réitérer ses accusations, encourant même la disgrâce impériale et l'exil dans une lointaine province du Sud.

Mais en ce milieu du VIIIe siècle la Chine ancienne arrive elle aussi à un tournant de son histoire. Sous le règne de l'empereur Xuanzong[21] la dynastie des Tang a sombré dans le déclin. Bientôt, c'est un ancien esclave, nommé An Lushan, qui à force d'intrigues va conquérir la capitale et s'autoproclamer empereur. Après bien des affrontements – qui conduiront finalement à l'élimination du "barbare" – le pouvoir impérial retrouvera son autorité, mais celle-ci aura été considérablement appauvrie par ces soubresauts guerriers.

C'est alors que la providence va enfin donner à Shen-hui l'occasion de jouer un rôle officiel dans un pays qui l'a longtemps rejeté : affaibli, les caisses vides, le gouvernement des Tang ne trouve comme moyen de se renflouer rapidement que de vendre des certificats d'investiture à tous ceux qui souhaitent devenir moines bouddhistes[22]. Shen-hui est officiellement rap-

21. Xuanzong régna sur la Chine de 712 à 756.

22. "L'entrée dans la prêtrise éliminant un individu des rôles d'impôt, le gouvernement chinois accepta la pratique qui consistait à exiger des nouveaux prêtres une compensation." (Thomas Hoover, *op. cit.*)

pelé – en 757, il a alors quatre-vingt-sept ans ! – pour venir appuyer de ses dons d'orateur hors pair la levée des fonds publics. En contrepartie, le vieux sage ne demande qu'une chose : que l'on reconnaisse enfin sa version de la lignée des grands maîtres du zen et que l'on attribue à Hui-neng le titre de sixième patriarche.

Quand le Sud prend le pas sur le Nord

Porte-parole de l'école du Nord, Shenxiu a longuement prêché que l'éveil ne peut être atteint qu'au prix d'une longue et patiente pratique, étape par étape, en une sorte d'épuration progressive conduisant de l'"esprit faux" – définissant toute chose à partir des dualités – à l'"esprit vrai" – considérant le monde comme une unité.

Shen-hui, pour sa part, défend une position qui se veut plus épurée et proche de l'essence même des choses. Sa théorie de l'esprit, qui deviendra celle de l'école du Sud, remplace l'"éveil graduel" de Shenxiu par l'"éveil subit" :

D'abord, s'il n'y a aucune dualité dans le monde, comment l'esprit peut-il être divisé en "faux" et "vrai", faisaient-ils valoir. Ils arguaient que la réponse à cette question est tout simplement qu'il y a un seul esprit dont les nombreuses fonctions sont des expressions d'une unique réalité vraie. L'unité de toutes les choses est la vraie réalité ; nos esprits font également partie de cette réalité ; et au moment où vous en prenez conscience vous avez atteint la même expérience d'éveil que réalisa autrefois le Bouddha.

Il n'y a pas d'"esprit faux" et d'"esprit vrai", pas plus qu'il n'est besoin d'un long programme de dhyana pour supprimer lentement les pensées fausses.

Tout ce dont il est besoin, c'est de pratiquer l'"absence de pensée", et par ce moyen de prendre intuitivement conscience d'une vérité simple : une unité pénètre tout. Cette prise de conscience, qu'ils appelaient l'esprit de Bouddha, ne pouvait survenir que d'"un coup" (non "pas à pas"), n'importe quand et sans avertissement[23].

Si elle paraît plus simple et épurée de prime abord, cette conception a pour conséquence première de remettre en question le principe originel de la méditation – pas tant dans sa nécessité absolue que dans sa pratique purement technique employée jusqu'alors.

Ce ne sont plus les efforts méthodiques qui doivent permettre à l'individu de progresser dans son évolution religieuse, mais davantage une nouvelle conception de la vie et du "non-attachement". Cette dernière expression va d'ailleurs devenir le fer de lance de la nouvelle forme de pensée du zen. Encore faut-il définir clairement ce qu'elle signifie.

Le non-attachement, c'est ne pas autoriser les choses qui nous entourent à "se saisir de notre imagination". Ainsi que le précise fort justement Walter Liebenthal[24] grand spécialiste des travaux de Shen-hui :

Une chose dont on se souvient est isolée, elle est distinguée du tout, et c'est pourquoi elle est une illusion ; car tout fragment du continuum indifférencié est illusoire. Les sens travaillent comme à l'accoutumée... mais "aucun désir ne surgit". Ce changement survient soudainement, il ne dépend en rien d'efforts préliminaires. Il peut être amené sans passer auparavant par toutes les étapes d'une ascèse. C'est pourquoi on l'appelle "éveil subit".

Alors que la méditation selon Shenxiu encourageait l'élimination pure et simple de la perception du monde physique, Shen-hui prétend que l'on peut avoir conscience du monde sans pour autant y être attaché ou assujetti. Pour ce faire, il n'existe qu'un moyen : se détacher de l'agitation ambiante de la société, ne plus tendre vers l'extérieur de notre être, cesser de fonctionner à partir de repères qui en réalité nous sont étrangers... pour nous tourner le plus simplement du monde vers l'intérieur de

23. Thomas Hoover, *op. cit.*

24. Walter Liebenthal, "The Sermon of Shen-hui", *Asia Major*, 1952.

nous-même et venir nous ressourcer à notre nature la plus profonde et la plus essentielle, à notre état originel :

En n'étant plus attachés, nous sommes tranquilles et innocents. Cet état qui sous-tend toutes les émotions et passions s'appelle samadhi. *En pénétrant jusqu'à cet état fondamental nous parvenons à une sagesse naturelle qui est consciente de cette tranquillité et de cette innocence originelle. Cette sagesse s'appelle* prajna. *Ainsi est définie la relation intime qui existe entre* samadhi *et* prajna[25].

L'importance fondamentale du rôle joué par Shen-hui dans l'évolution du zen tient à ce qu'il fait franchir une étape décisive à celui-ci : avec l'*éveil subit* – cette nouvelle définition de la voie à emprunter pour se libérer –, ce sont les "restes" du bouddhisme indien importé par Bodhidharma qui disparaissent ; il n'est plus besoin d'une religion organisée ou d'un appareil dogmatique pour parvenir à l'Illumination ; la philosophie indienne, même adaptée à la pensée chinoise, n'est plus de mise dès lors que l'éveil peut être trouvé par chacun dans la prise de conscience de sa propre nature originelle. Désormais, les sutras, le chant et la méditation ne sont plus nécessaires : en n'ayant plus besoin du bouddhisme, le zen chinois atteint sa maturité et peut désormais définir sa propre trajectoire sans aucune influence extérieure. Il accède ainsi à une totale autonomie spirituelle.

Pour Shen-hui, le triomphe est bien sûr spirituel, mais aussi politique. Son retour en grâce dans les sphères du pouvoir impérial propulse l'école du Sud au rang de secte officielle, ce qui en fait d'emblée un important personnage : en peu de temps, il passe du statut d'exilé à celui d'un notable de la classe gouvernante. Mais par-dessus tout – et c'est sans doute le plus important pour l'avenir du zen –, avec lui, ce sont les maîtres ruraux du Sud, moins intellectuels mais plus fervents et proches du peuple, peu enclins aux honneurs impériaux dans leurs retraites solitaires des montagnes, qui vont désormais imprimer leur empreinte sur le zen et forger son identité future.

25. Walter Liebenthal, *op. cit.*

Hui-neng, père du zen moderne

Ce que retiendra l'Histoire, conformément aux dires de Shenhui, c'est que Hui-neng – alors âgé de vingt-quatre ans et pas même ordonné prêtre – a bien été intronisé sixième patriarche du zen par son maître Hong-jen. C'est lui, et non Shenxiu, comme allait le prétendre l'impératrice Wu, qui une nuit fut initié au *Sutra du Diamant*, avant de passer cérémonieusement la robe de Bodhidharma, symbole du patriarcat. Après quoi, son prédécesseur lui conseilla de fuir ; ce que fit Hui-neng, en emportant les reliques du Chan.

Pendant près de quinze ans, il va mener dans le Sud une existence de chasseur, dissimulant sa réelle identité. Ce n'est qu'en 676 qu'il acceptera de sortir de sa retraite... et, par voie de conséquence, de l'anonymat. Reparu à Canton, il est très vite repéré grâce à la pureté de son esprit et reconnu comme sixième patriarche. A la suite de quoi il entre enfin dans les ordres bouddhiques pour y être ordonné prêtre. La fin de sa vie se passera dans son temple de Caoqi, où, durant quarante ans, il enseignera l'éveil à de nombreux disciples.

Par-delà les anecdotes de sa vie au quotidien, le rôle joué par Hui-neng se révèle considérable en ce sens qu'il marque véritablement la rupture définitive avec le bouddhisme indien. Avec lui, il n'y a plus la moindre ambiguïté : nous sommes à présent dans le Chan chinois. A tel point qu'il va même jusqu'à remettre tout simplement en cause le bouddhisme et ses pratiques religieuses traditionnelles, la méditation n'étant plus qu'un "moyen" parfois contraignant et certainement pas une fin en soi.

De fait, Hui-neng conteste l'authentique nécessité de *dhyana*, qui jusqu'à présent était le fondement même de cette école de pensée. Il introduit la notion simple selon laquelle tout homme naît, en réalité, en état d'éveil – en état de pureté –, les choses ne se compliquant que plus tard, ainsi qu'il l'expose très clairement dans le *Sutra de l'Estrade*, rapporté par Philip Yampolsky, éminent spécialiste de la vie de Hui-neng :

Chers amis, bien que la nature des hommes de ce monde soit pure en son essence dès l'origine, chacun a en lui dix mille cho-

ses. Si les gens ne pensent qu'à des choses mauvaises, alors ils exerceront le mal ; s'ils ne pensent qu'à des choses bonnes, alors ils exerceront le bien. Ainsi est-il clair que de cette façon tous les dharmas (les aspects de l'humanité) existent dans votre propre nature, et malgré cela votre propre nature est toujours pure. Le soleil et la lune ne cessent de briller, mais ils sont couverts par les nuages ; bien qu'ils brillent, ils sont obscurcis au-dessous et on ne peut voir clairement le soleil, la lune, les étoiles et les planètes. Mais si le vent de la sagesse se met soudain à souffler et pousse au loin les nuages et les brumes, toutes les formes de l'univers apparaissent d'un coup... Que se dégage une seule pensée de bien, la sagesse intuitive naît. De même qu'une lampe permet de dissiper mille ans d'obscurité, un éclair de sagesse détruit dix mille ans d'ignorance[26].

C'est l'idée de la pureté originelle de l'homme, d'une innocence préliminaire à toute implication intellectuelle, qui fait son apparition. Le meilleur moyen pour mettre en valeur cette innocence dénuée de toute impureté réside dans ce que l'on appelle la "non-pensée":

Etre sans souillure quel que soit l'environnement, c'est cela qu'on appelle non-pensée. Si, vous appuyant sur vos propres pensées, vous vous séparez du milieu environnant, alors vous ne produisez aucune pensée vis-à-vis des choses. Si vous cessez de penser à la myriade des choses et si vous vous dépouillez de toute pensée, à l'instant où le fil des pensées est coupé, vous renaîtrez dans un autre royaume... Parce que l'homme dans son illusion a des pensées reliées au monde qui l'entoure, de ces pensées s'élèvent les idées hétérodoxes qui produisent passions et fausses visions[27].

En d'autres termes, cela revient à affirmer que l'éveil est au-dedans de chaque individu, dès sa naissance. Là, il attend d'être libéré, ce que seul l'esprit intuitif peut réaliser, généralement

26. Extrait du *Sutra de l'Estrade*, cité dans Philip Yampolsky, *The Platform Sutra of the Sixth Patriarch*, Columbia University Press, New York, 1967.

27. Hui-neng, *Sutra de l'Estrade*.

quand on s'y attend le moins. Sur cette conception simple repose toute la théorie de l'*éveil subit*.

Le grand apport de Hui-neng, c'est surtout de faire passer le Chan d'une version théologique à l'indienne à une version moins empreinte de religiosité, mais continuant néanmoins à bannir toute dualité. Remettant en cause la forme – voire l'existence même – de la méditation, et surtout prônant l'état de "non-pensée", il prépare le terrain pour ce que les générations futures appelleront l'"âge d'or" du zen.

Deuxième partie

LA DOCTRINE

Marcher est zen
S'asseoir est aussi zen
Que je parle, que je me taise
Que je me repose, que je me presse
Dans l'ordre de l'Etre
Tout cela est l'Immuable.

Shodoka

Avant de prendre son envol, toute pensée doit affirmer la réalité de son fondement dans le for intérieur de celui qui en est l'auteur. Ainsi en est-il du zen… comme de tout le reste.

Au terme de cette première étape de notre voyage dans le temps, nous voyons cette forme de pensée accéder à une maturité restée longtemps en mûrissement. Ce qui émerge peu à peu des flancs du bouddhisme chinois – et bientôt le fera considérer comme une conception dépassée – n'est rien moins qu'une forme nouvelle de pensée, qu'un élan novateur dont on perçoit déjà que rien ne pourra l'arrêter.

Pour nous, qui avons aujourd'hui la fabuleuse capacité de voyager dans le temps, le recul des siècles conforte l'idée selon laquelle rien de ce que nous observons dans cette Chine ancienne n'est illogique. Il y a au contraire une sorte de cohérence, d'évidence latente dans l'enchaînement des faits, dans la suite ininterrompue des maîtres et des patriarches du zen naissant. Comme s'il s'agissait de la seule voie de lumière pouvant amener la Chine à trouver son chemin dans la longue histoire de l'éveil des peuples.

De même que l'adaptation du bouddhisme indien à la mentalité chinoise était inévitable, il semble à présent incontournable que cette conception du monde doive s'affirmer jusqu'à être légitimée par tous. Ainsi, après l'étape initiale ayant consisté à asseoir une “connaissance”, débute la phase – tout aussi essentielle – de la “reconnaissance” légale et officielle. Celle-ci va prendre appui sur un autre atout que le zen saura développer avec une aisance et une justesse traduisant sa toute nouvelle maturité : la structuration d'un véritable enseignement à part entière.

3.

La naissance d'une forme d'esprit et d'une manière de vivre

La goutte d'eau sait peut-être qu'elle est dans l'océan ;
mais sait-elle aussi que l'océan est en elle ?

Dicton oriental

Après le tournant amorcé par Hui-neng, il fallait au zen – en quête d'un lignage qui permettrait de le légitimiser encore davantage – un septième patriarche. Ce fut bien sûr Shen-hui, dont nous avons déjà survolé l'existence et les combats contre Shenxiu pour faire triompher l'école du Sud et reconnaître son maître Hui-neng. Néanmoins, celui-ci déviera quelque peu de sa trajectoire initiale en essayant de réaliser un "compromis" avec l'école du Nord.

De fait, ses tentatives pour contenter tout le monde et amener à reconnaître le zen comme une religion officielle dans le nord de la Chine vont faire plus de mal que de bien. Car en s'écartant du bouddhisme indien, puis de son adaptation chinoise, le zen vient en réalité d'affirmer sa propre identité ; laquelle ne s'apparente pas à une religion.

Le zen n'est – et ne se veut – rien d'autre qu'une attitude de l'esprit, une méthode de penser et une manière de vivre.

Un maître bouddhiste officiellement protégé est obligé de célébrer tous les rituels et cérémonies traditionnels pour lesquels les véritables adeptes du zen n'éprouvent que dédain. Shen-hui parvint à établir le zen comme religion d'Etat, mais ce faisant il le tua presque. Tous les développements ultérieurs du zen chinois devaient venir des grands maîtres qui attachèrent plus de prix à la vie simple, à la liberté et à l'indépendance intellectuelle qu'à la reconnaissance de leurs contemporains[1].

Depuis leurs retraites solitaires dans les montagnes, les maîtres du Sud avouent mépriser les honneurs, privilégiant leur quête incessante de méthodes nouvelles pour transmettre à leurs disciples la Lumière et la pénétration de l'éveil sans paroles. Néanmoins, ils reconnaissent avoir besoin d'une lignée pour asseoir – et non pas "officialiser" – leur légitimité spirituelle. Cela explique que des hommes continuent à être désignés comme patriarches, même si pour certains la descendance avec les maîtres précédents n'est pas toujours flagrante et leur "intronisation" décidée *a posteriori.*

L'essentiel reste qu'au fil des décennies, puis des siècles, les valeurs du zen continuent à s'affirmer, jusqu'à se faire le véhicule d'une véritable créativité intellectuelle et spirituelle accessible à tout un chacun.

L'éveil, condition active et partie naturelle de la vie

Avec Ma-tsou Tao-i[2], une nouvelle définition de l'éveil apparaît, qui le considère désormais ouvertement comme une condition active et non passive : l'éveil ne doit pas être attendu dans la passivité, car il est en réalité une partie naturelle de la vie. Cela justifie l'idée de Ma-tsou qui consiste à mettre en œuvre des méthodes ne faisant pas appel à la méditation pour amener le disciple à l'état de "non-pensée". C'est ainsi qu'apparaissent quelques-uns des éléments qui constitueront ultérieurement la base de l'enseignement du zen : les questions posées à un novice et qui n'ont pas de réponse ; le cri poussé à l'oreille du

1. Hu Shih, "Development of Zen Buddhism in China", *Chinese Social and Political Science Review*, janvier 1932.

2. Ma-tsou Tao-i : 709-788.

disciple alors qu'il cherche une réponse ; la gifle flanquée alors que l'adepte réfléchit ; la réponse sans rapport avec la question posée, etc... avec toujours pour objectif de maintenir l'élève dans un mode mental actif et non passif, pour mieux l'amener à découvrir par lui-même sa vraie nature originelle.

Pour Ma-tsou, l'*éveil* est synonyme de *voir dans sa propre nature,* c'est-à-dire comprendre qui l'on est et ce que l'on est :

Il n'est pas nécessaire de rechercher pour l'éveil une qualité spéciale dans l'esprit. Chaque attitude est esprit, manifestation de la nature de Bouddha. Mordre un doigt, froncer ou lever les sourcils, tousser, sourire, ainsi que la colère, le chagrin ou le désir... est une fonction de la tête de Bouddha : c'est le Dao, la Voie. Il n'est besoin d'aucun acte particulier, qu'il s'agisse de dhyana ou de culte, pour atteindre le Dao. La Voie, c'est être naturel. Marcher naturellement, s'asseoir naturellement, dormir naturellement, vivre naturellement – telle est la Voie. Laissez à l'esprit sa liberté : ne faites intentionnellement ni le bien ni le mal. Il n'y a pas de Loi à suivre, pas d'état de Bouddha à atteindre. Gardez un esprit libre et ne vous attachez à rien : c'est cela le Dao[3].

Ma-tsou s'affirme très vite comme le précurseur de certaines techniques et certains mécanismes utilisés pour parvenir à l'éveil subit. Qu'il s'agisse des questions-réponses, des cris, des soufflets, tous tendent à ébranler l'esprit du disciple, à rompre pour un temps son attachement à l'abstraction et à la logique.

Règles monastiques et préparation mentale à l'éveil

A la mort de Ma-tsou Tao-i, l'un de ses disciples s'impose naturellement comme digne successeur. Il a pour nom Po-tchang Houai-hai[4] et a passé de nombreuses années aux côtés du maître.

3. Hu Shih, *op. cit.*

4. Po-tchang Houai-hai : 720-814.

Alors que Ma-tsou et ses élèves les plus proches ont développé les techniques pour accéder à l'éveil subit, Houai-hai entre dans l'Histoire par le biais d'une approche différente : il est d'une part le fondateur du premier monastère entièrement Chan, instaurant des règles monastiques sous forme d'un code de discipline[5]; d'autre part on lui attribue la première étude cohérente de l'*éveil subit*, sous la forme d'un traité[6] sur le phénomène de l'éveil lui-même, sa psychologie, et la préparation mentale nécessaire pour y parvenir.

Les arcanes de la vie monastique

La restructuration de la vie monastique a en réalité un double objet. En premier lieu, elle vise à prendre quelques distances avec les règles bouddhiques traditionnelles en vigueur dans les autres monastères bouddhistes de Chine. En effet, ces dernières se ralliaient jusqu'à présent – pour la plupart – au bouddhisme indien Mahayânâ.

De plus, elle se propose de régler concrètement la vie quotidienne des moines, ainsi que les rites de prononciation des vœux et les obligations de chacun vis-à-vis de la communauté monastique.

Il s'agit là d'un vaste programme, auquel Houai-hai s'attelle avec méthode et persévérance, ayant pour tout moyen la seule force de sa conviction et son fameux adage : *Une journée sans travail est une journée sans nourriture.*

Là encore s'impose une prise de distance effective avec la conception du monastère originaire de l'Inde bouddhiste. Lorsqu'il prône la création d'un établissement monastique géré en autosubsistance, Houai-hai confirme dans les faits le rejet de la mendicité – déjà évoqué par ses prédécesseurs – comme unique apport de tout ce dont les moines ont besoin ; elle ne devra son maintien dans les us et coutumes des monastères qu'au rôle sym-

5. Encore en vigueur au XXe siècle.

6. La plus ancienne version de ce traité qui nous soit parvenue date de 1282. Elle est intitulée *La Règle sacrée de Po-tchang*.

bolique qu'elle joue vis-à-vis des laïques, qui, au travers d'elle, peuvent acquérir des mérites. Au sein du monastère, elle ne pourra guère plus constituer qu'une "seconde ligne de défense économique" dans certaines circonstances très particulières.

La règle prescrite par Houai-hai est on ne peut plus claire : les communautés des monastères doivent à présent acquérir une complète autonomie de subsistance et n'attendre aucune aide extérieure qui les placerait de fait en état de dépendance. Cette prise de position ne marque rien moins que le regroupement des activités spirituelles – méditation, culte – avec les travaux physiques, en une complémentarité désormais indissociable[7].

Les fondements théoriques de l'"éveil subit"

Par-delà l'organisation pratique des monastères, qui au fil des décennies et des siècles s'affirme comme le "socle pratique" du

7. *Les moines se lèvent bien avant le jour (avant de pouvoir distinguer les lignes dans la paume de leur main) et, après leur toilette matinale, ils se rassemblent dans une salle principale pour les dévotions du lever du soleil – il s'agit de la récitation rapide et monotone des écritures, outil destiné à développer les pouvoirs de concentration plus que la piété. Puis ils retournent à la salle de méditation où la récitation reprend. Vient ensuite le petit déjeuner, composé en général de riz nature accompagné d'une modeste garniture de légumes, puis le retour à la salle de méditation pour un thé cérémoniel et l'annonce de l'emploi du temps de la journée. Après quoi chaque moine rencontre individuellement le maître dans ses habitations : son éveil est mis à l'épreuve et un koan peut lui être assigné. Signalons en passant que le maître dispose d'une chambre privée ; les moines, eux, dorment ensemble dans une salle commune, la place qu'ils y occupent étant fonction de leur rang. Cela étant fait, les moines vont s'occuper du jardin et des terres du monastère et, plus tard dans la matinée, il leur arrive d'aller mendier ou de rendre visite à des patrons laïques pour en obtenir des donations. Après le déjeuner (le repas principal de la journée dont les restes constitueront le dîner), il faut encore travailler dans le jardin et au monastère : planter et récolter, réparer les bâtiments ou autres corvées d'entretien. Plus tard, il peut y avoir d'autres récitations des écritures ainsi que le nettoyage et l'entretien de l'intérieur des bâtiments, ces activités pouvant être entrecoupées de moments de méditation. A la tombée de la nuit, la cloche du soir marque la fin du travail de la journée. Pendant la soirée, le moine peut encore méditer ou recevoir d'autres instructions du maître ou de ses frères. Enfin, tard dans la nuit – ayant rempli une longue journée – il va se coucher.* Emploi du temps quotidien existant dans les monastères zen contemporains de la secte Rinzaï, rapporté par D.T. Suzuki, dans *The Zen Monk's Life*, Olympia Press, New York, 1972.

fonctionnement communautaire, c'est finalement pour son approche spéculative de l'éveil subit que Houai-hai va marquer son temps.

En effet, il est le premier maître à laisser derrière lui non pas quelques sermons retranscrits plus ou moins fidèlement par des disciples, mais bien un travail personnel, dont on puisse affirmer la source avec certitude, et qui plus est d'une haute teneur spirituelle. Car ce n'est pas de textes épars dont il s'agit, mais d'un véritable "traité théorique" donnant des éclairages essentiels sur la nature de l'éveil subit.

Mettant en pratique ce qu'il vit chaque jour avec ses propres disciples, Houai-hai compose son essai sous la forme d'une longue suite de questions et de réponses visant à donner des éclairages sur la réalité de l'éveil subit et les difficultés rencontrées par chaque individu pour se mettre en état d'y accéder.

Les thèmes abordés sont ceux qui président à l'existence du zen : le principe d'unicité où se retrouve toute chose ; l'absence de distinction ; le refus de la dualité, des jugements et des préjugés ; la nécessité pour l'esprit de ne se fixer sur rien, dans l'espace comme dans le temps.

A propos de ce dernier élément une idée nouvelle fait d'ailleurs son apparition : celle du "maintenant" comme seule référence valable. Ce sera désormais une donnée fondamentale du zen, car, ainsi que le résume fort justement Thomas Hoover[8], *en supprimant les pensées sur le passé et l'avenir, non seulement on s'épargne de l'angoisse mentale, mais encore on n'a plus besoin de distinguer l'idée du "présent"... et on a simplement éliminé un aspect essentiel de l'attachement.*

Le traité de Houai-hai sur la technique la plus appropriée pour conduire à l'illumination subite se trouve parfaitement résumé en quelques mots du maître :

Vous devez savoir que mettre en route le principe de la délivrance dans son intégralité se réduit seulement à ceci – quand les choses arrivent, n'ayez aucune réaction : empêchez votre

8. Thomas Hoover, *L'Expérience du zen, op. cit.*

esprit de se fixer sur quoi que ce soit, gardez-le aussi tranquille que le vide et parfaitement pur.

Cela revient non seulement à éliminer tout attachement, mais aussi le discernement volontaire, les valeurs et les sensations. Alors est atteint l'état de "non-pensée", qui permet de percevoir la réalité sous un nouveau jour, avec désormais l'intuition pour base essentielle.

A quoi cela doit-il conduire ? A reconnecter l'individu avec son être le plus profondément original et naturel. A redevenir le maître de soi-même. A réapprendre à vivre dans le monde sans en être dépendant. A ne plus être dangereusement soumis à notre ego.

Car la grande leçon que nous enseignent les maîtres du zen, c'est que l'éveil, le retour à la paix mentale originelle, l'accession à l'état naturel de sagesse… consistent finalement – on pourrait presque dire "simplement" si la voie n'était parsemée d'embûches – à se libérer de l'ego.

Loin d'être une manière de nier l'existence, c'est au contraire la possibilité retrouvée pour tout être d'en faire l'expérience en s'appuyant sur sa propre intuition, et non pas sur ces apparences que l'on voulait auparavant lui faire prendre pour des références.

La concentration entraîne l'apaisement de votre esprit, si bien que vous n'êtes aucunement touché par les phénomènes environnants. La sagesse, c'est que votre tranquillité d'esprit ne soit pas dérangée lorsque vous accordez une pensée à cette tranquillité, que votre pureté ne soit en rien troublée lorsque vous concevez une pensée de pureté et que, pris entre deux contraires tels que le bien et le mal, vous soyez capable de faire la distinction entre eux sans qu'ils déteignent sur vous, parvenant ainsi à l'état de bien-être parfait dans lequel vous êtes libre de toute dépendance[9].

9. John Blofeld, *The Zen Teachings of Hui-Hai on Sudden Illumination*, Ryder and Co., Londres, 1962.

4.

Évolution et sectarisme

Si nous ouvrons les mains
nous pouvons recevoir toutes choses.
Si nous sommes vides,
nous pouvons contenir l'univers entier.

Taisen Deshimaru

Avec Houai-hai, une étape vient d'être franchie. D'autres maîtres lui succéderont, qui tous affineront chacun à leur manière la définition et la pratique du zen, jusqu'à l'amener à une modernité quasi permanente[1].

Mais désormais l'essentiel est fait. Les fondements de ce qui apparaîtra dans le futur davantage comme une philosophie que comme une religion, dans le sens classique du terme, sont posés. La voie est tracée. Charge est laissée aux dignes successeurs des premiers patriarches de poursuivre ce qui a été commencé, de porter chaque fois un peu plus loin le flambeau de la révélation de l'homme à lui-même.

De l'"âge d'or" du Chan...

Pour quelque temps encore, le zen est dans une période ascendante, porté par une dynamique intellectuelle et une créati-

1. D'aucuns diront "intemporelle".

vité spirituelle exceptionnelles, que l'on qualifiera plus tard d'"âge d'or". La fulgurance et le bouillonnement d'idées nouvelles sont générateurs d'une force considérable, qui va contribuer à implanter définitivement le zen sur le sol chinois.

Des esprits très brillants, au nombre desquels on peut citer Nan-tch'ouan P'ou-yuan[2], Tchao-tchéou Ts'ong-chen[3], Pang le Laïque[4], Hanshan[5], Huang-po[6], vont définir le Chan une fois pour toutes, énonçant avec force ses principes et ses objectifs, d'abord dans la tranquillité des monastères, puis peu à peu face au monde extérieur.

Car bientôt un autre défi se présente : après le lent mûrissement des idées, puis l'élaboration des règles monastiques et la formulation d'une éthique spirituelle concrète, le temps vient de transmettre ces valeurs au reste du monde, d'apposer cette empreinte sur la société dans son ensemble.

… aux persécutions impériales

Mais pour le moment la confrontation entre vie séculière et vie monastique est encore difficile. Les reproches faits au bouddhisme sont nombreux dans plusieurs provinces du pays, notamment dans le Nord, particulièrement pour ce qui concerne les exonérations d'impôts dont bénéficient les monastères et le retrait de la vie collective de milliers de jeunes jugés improductifs. A tel point que la rancœur et les dénonciations vont atteindre un point culminant en 845, sous le règne de l'empereur Wou-tsang[7]. Ce dernier, véritable artisan d'un resserre-

2. Nan-tch'ouan P'ou-yuan : 748-835.

3. Tchao-tchéou Ts'ong-chen : 778-897.

4. Pang le Laïque : 740 (?)-811.

5. Hanshan : 760 (?)-840 (?).

6. Huang-po : mort en 850 (?).

7. Wou-tsang régna de 841 à 846.

ment du pouvoir sur le bouddhisme, ordonne par un édit – demeuré tristement célèbre – la destruction pure et simple du bouddhisme traditionnel et du Chan du Nord urbanisé en Chine. En seulement deux années, ce sont 4 600 temples et plus de 40 000 retraites de moindre importance qui sont détruits ; l'Etat chinois récupère des millions d'acres leur ayant appartenu. Plus de 150 000 personnes, hommes et femmes esclaves ou serviteurs, sont libérées de ces temples. 265 000 moines et religieuses sont contraints de retourner à la vie séculière[8].

Paradoxalement, ces faits vont avoir pour conséquence de renforcer la puissance du Chan du Sud, lequel s'est déjà "auto-épuré" et libéré des propriétés matérielles. Ses adeptes, finalement peu persécutés car n'ayant pas de possessions foncières ni immobilières, vont simplement se fondre quelque temps dans la population, attendant des jours meilleurs.

Ceux-ci ne parviendront à s'imposer qu'un siècle plus tard, en 960, avec l'arrivée au pouvoir de la dynastie des Song[9]. Seule secte encore vigoureuse, le Chan du Sud devient alors synonyme de bouddhisme chinois et est investi comme religion nationale.

La multiplication des écoles du Chan

Avec le retour à la tolérance officielle apparaît un nouveau phénomène dans les rangs des adeptes du Chan. Toutes les autres orientations bouddhistes ayant été impitoyablement éliminées, il ne reste plus d'opposants spirituels dignes de ce nom. Au lieu de contribuer à développer une cohésion et une force interne décuplées, cette situation apporte au contraire le germe de la division.

8. Ce qui est considérable dans un pays dont la population à cette époque est estimée à seulement vingt-sept millions d'habitants.

9. Les dix-huit empereurs Song constituèrent la XIXe dynastie chinoise, qui régna sur la Chine de 960 à 1280.

C'est en effet dans les rangs mêmes des descendants des patriarches que vont désormais s'opposer différents maîtres, chacun prônant une conception personnelle sur le chemin de l'éveil. Alors que l'accession au rang de religion officielle provoque une augmentation considérable du nombre des adeptes, proportionnellement c'est la qualité de l'enseignement proposé qui décroît. A l'évidence, les faits confirment que l'"âge d'or" du Chan est révolu.

On ne peut nier cependant que cette période présente un intérêt certain, notamment dans l'émergence de personnalités fortes – parfois hautes en couleur – qui expérimentent des voies spirituelles jusque-là insoupçonnées. Même si en certains points les divergences tiennent davantage de la nuance que de définitions radicalement différentes, il n'en demeure pas moins qu'une volonté de trouver de nouveaux chemins conduisant à l'éveil et à la réalisation personnelle s'affirme chaque jour davantage.

Cinq orientations majeures sur le chemin de l'éveil

Cinq courants principaux marquent cette période, s'imposant naturellement au-dessus de la multitude par la seule brillance des maîtres qui en sont les auteurs. Ces cinq écoles ont pour nom : la *secte gueiyang*[10], la *secte de Yun-men*[11], la *secte de Fa-yen*[12], la *secte Lin Tsi*[13] la *secte Ts'oa-tong*[14].

Il est parfois difficile de comparer ces différentes orientations, tant leurs divergences ne tiennent parfois qu'à des détails ou formulations secondaires plus qu'à de véritables oppositions. De plus, elles prennent place dans le temps avec un

10. Fondée par Kouei-chan (771-853).

11. Fondée par Yun-men (863-949).

12. Fondée par Fa-yen (885-958).

13. Fondée par Lin Tsi mort en 866.

14. Fondée par Tong-chan Leang-tsie (807-869).

impact plus ou moins grand selon l'époque. Et cependant, toujours, l'espoir identique d'enrichir la tradition du zen en proposant à une foule grandissante de disciples la voie la plus épurée et la plus fiable pour parvenir à l'état qui permet d'accéder à l'éveil.

La *secte gueiyang* affirme la rupture définitive entre le Chan de la méditation (prônant l'étude du *Sutra Lankavatara*) et le Chan instantané reniant toute influence des sutras.

La *secte de Yun-men* exprime la position du maître qui refuse toute importance aux mots et interdit à ses disciples de prendre des notes ou de mettre ses sermons par écrit : il impose ainsi la communication sans langage, développant le concept – essentiel pour l'avenir du zen – du *koan*[15], et notamment, la réponse à toute question en un "mot unique".

La *secte de Fa-yen*, quant à elle, développe une méthode insolite, consistant à répondre à toute question en la répétant à l'envers. Son apport ne se limite d'ailleurs pas à cela, puisqu'elle introduit également la notion des "Six Attributs de l'Etre" : la totalité et la différenciation, l'identité et la différence, le devenir et la disparition.

Malheureusement, ces trois premières "écoles" ne résisteront pas au-delà de quelques décennies à l'usure du temps et des frictions internes. Ne parvenant pas à prendre réellement leur envol grâce à une reconnaissance massive, elles ne pourront rivaliser avec les deux dernières orientations – *Lin Tsi* et *Ts'oa-tong* – qui, par contre, s'affirmeront bientôt jusqu'à pénétrer au Japon, où elles serviront de fondement au zen moderne.

De la secte Lin Tsi… à la naissance du zen Rinzaï

Lin Tsi se révèle être le créateur d'un courant de pensée dont on parlera longtemps à l'avenir. Il n'atteint l'éveil subit

15. *Koan* : question particulière posée par le maître zen au disciple.

qu'après de longues années de pratique, ce qui le fait brutalement passer du statut de disciple effacé et timoré – particulièrement lent dans son propre cheminement spirituel – au charisme incontesté d'un fondateur d'école dont la réputation dépassera les frontières de la Chine :

Dans les temps anciens, je me consacrais au vinaya *et fouillais aussi dans les sutras et les sastras. Plus tard, quand je me rendis compte qu'ils n'étaient que des remèdes au salut et des étalages de doctrines écrites, je les rejetai tous et, en quête de la Voie, je me mis à pratiquer la méditation. Plus tard encore je rencontrai de grands maîtres. C'est alors que, grâce à la plus grande clarté de l'œil de mon Dharma, je pus discerner parmi tous les vieux maîtres qui existaient sous les cieux quels étaient les vrais et quels étaient les faux. Je n'ai pas compris cela dès l'instant de ma naissance mais, à la suite d'une recherche exhaustive et d'une discipline douloureuse, en un éclair je me suis connu moi-même*[16].

A dater de son éveil subit, Lin Tsi rejette en bloc toutes les pratiques auxquelles il s'est adonné jusqu'à ce jour. Mieux, il affirme clairement entrer en révolte contre les systèmes anciens, incluant dans un identique refus aussi bien les "béquilles" rituelles subsistant encore çà et là comme autant de restes du bouddhisme traditionnel, que les patriarches du Chan. Il s'accorde en cela à une conception de l'univers qui, en toute occasion, lui fait prêcher le renoncement :

Adeptes de la Voie, si vous voulez parvenir à la pénétration du Dharma tel qu'il est, ne vous laissez pas prendre aux conceptions erronées des autres. Quoi que vous rencontriez, que ce soit à l'intérieur ou à l'extérieur, tuez-le sur-le-champ : lorsque vous rencontrez un bouddha, tuez le bouddha, lorsque vous rencontrez un patriarche, tuez le patriarche, lorsque vous rencontrez un saint, tuez le saint, lorsque vous rencontrez vos père et mère, tuez vos père et mère, lorsque vous rencontrez votre consanguin, tuez votre consanguin. Ainsi vous atteindrez

16. F. Sasaki, *The Recorded Sayings of Ch'an Master Lin-chi Hui-chao of Chen Prefecture*, Institute of Zen Studies, Kyoto, Japon, 1975.

l'émancipation. Si vous ne vous attachez pas aux choses, vous les traverserez librement[17].

Lin Tsi restera dans les mémoires et dans la tradition du zen pour avoir été l'un des précurseurs chinois en matière d'affirmation de la transmission "sans paroles". Il est à ce propos un fervent utilisateur du cri – voire du hurlement – comme moyen visant à démontrer que la connaissance ne peut être raisonnée. Il se rapproche en ce sens des maîtres qui, pour leur part, prônent l'utilisation du coup de bâton porté au disciple pour le sortir de sa réflexion dans un moment intense et briser ainsi la logique de sa réflexion. Lin Tsi envisage *sa philosophie du cri comme moyen d'interrompre le raisonnement continu*[18].

Au-delà de l'approche purement pratique, Lin Tsi se révèle être également un novateur sur le plan dialectique, dans l'étude approfondie des rapports qui doivent exister entre maître et élève, ainsi que des états successifs permettant d'accéder à l'éveil. Il laissa derrière lui une somme considérable de données relevant d'une analyse psychologique remarquablement pertinente, laquelle souligne avec force la primauté de l'intelligence intuitive et l'inutilité des mots, comme le montre cette anecdote devenue célèbre :

Quelqu'un a-t-il une question ? S'il en est ainsi, qu'il la pose tout de suite. Mais à l'instant où vous ouvrez la bouche, vous vous trouvez en dehors de la Voie[19].

En plus d'être un grand maître dans l'enseignement qu'il prodigue à ses disciples, Lin Tsi est également l'auteur de nombreuses créations dialectiques, toujours dans le but de mieux faire comprendre les rapports existant entre les individus[20]. C'est ainsi qu'il devient l'homme le plus brillant du Chan, *son esprit étant capable de fonctionner simultanément à plusieurs*

17. F. Sasaki, *op. cit.*

18. Thomas Hoover, *L'Expérience du zen, op. cit.*

19. F. Sasaki, *op. cit.*

20. Voir *Quatre moyens de se libérer de la subjectivité et de l'objectivité,* ou *Quatre types de relations possibles entre celui qui pose les questions et celui qui y répond, ou entre l'hôte et l'invité* cités par F. Sasaki, *op. cit.*

niveaux, ce qui lui permettait de couvrir une instruction très pratique avec une dialectique embrassant tous les sujets. Il croyait en la complète spontanéité, la totale liberté de pensée et d'action, et en une approche d'enseignement qui a été appelée la méthode "de l'éclair" – car elle était rapide et imprévisible[21].

Mais, par-dessus tout, la force de pensée et la profondeur d'esprit de Lin Tsi s'imposent très vite face à un relâchement significatif de la part de nombre de maîtres du Chan. Propulsée officiellement sur le devant de la scène, instituée religion d'Etat, la secte du Sud est désormais à la mode. Cela entraîne un net assouplissement dans la vie des moines et de certains maîtres, ce qui ne peut être du goût des puristes tels que Lin Tsi, lequel ne se prive pas de fustiger ces "déviants" qui se préoccupent davantage de leur image que de la Voie menant à l'éveil.

Cette vigilance dans le respect des fondements les plus essentiels du Chan propulse l'école de Lin Tsi jusqu'à des sommets devant lui permettre de franchir les épreuves du temps aussi bien que les frontières. C'est en effet par lui que le zen va bientôt s'épanouir et trouver une nouvelle dimension, notamment chez les samouraïs du Japon, avec la branche Rinzaï du zen.

De la secte Ts'oa-tong… à la naissance du zen Soto

La maison Ts'oa-tong apparaît alors que s'éteint la dynastie des Tang[22] et que les Cinq Dynasties[23] s'apprêtent à lui succéder. L'un de ses cofondateurs, Tong-chan Leang-tsie, va marquer fortement de son empreinte cette école, jusqu'à la conduire à une position maîtresse dans l'histoire du zen.

Alors que de son côté Lin Tsi nie les mots et la logique, Tong-chan est pour sa part un adepte fervent de la métaphore :

21. Thomas Hoover, *op. cit.*

22. La dynastie des Tang régna sur la Chine de 618 à 907.

23. Les Cinq Dynasties s'imposèrent de 907 à 960.

refusant tout énoncé clair et direct, tout exemple concret, au fil de son enseignement il aime privilégier le langage symbolique, quel que soit le sujet. C'est sur cette base qu'il élabore ce qui restera comme "sa" dialectique, considérée à juste titre comme l'une des expressions les plus fortes que la pensée chinoise ait jamais produites.

C'est ainsi qu'il parvient à définir un véritable *système de cinq positions ou relations entre le Particulier, ou Relatif, et l'Universel, ou Absolu.* Rapidement, cette conception va devenir la clef de voûte de tout un enseignement, dont l'essence profonde tend à élargir la comparaison du Particulier et de l'Universel, chacun étant montré comme une partie de l'autre :

Au cinquième stade, l'éveil atteint le Vide, état qui ne peut être contenu dans un concept, puisqu'il les contient tous. Quand vous atteignez enfin cet état de pénétration sans parole, vous prenez conscience que les mots et leur absence font partie de cette plus ample réalité. L'action et la non-action sont des réponses au monde également légitimes[24].

Tong-chan impose sa conception du Chan par le simple fait qu'il privilégie – contrairement à Lin Tsi – le contenu du message qu'il transmet à son mode de transmission. Alors que les adeptes de ce qui va devenir le zen Rinzaï considèrent l'éveil comme un tout, une globalité, Tong-chan et ses disciples – qui seront à l'origine du zen Soto – en reviennent à la conception de l'éveil par étapes, s'attachant à cerner et à définir au mieux chacune d'elles. Cela tient en partie à la volonté du maître d'opter pour une méditation paisible plutôt que pour l'intervention brutale préconisée par Lin tsi. Tous deux ont le même objectif – l'éveil. Mais, alors que l'un choisit l'ébranlement, le trouble de l'esprit, pour mener ensuite une existence tournée vers l'intérieur, l'autre préfère avancer dans la paix et la tranquillité, par bonds successifs, acceptant ensuite d'occuper le monde physique en le transcendant mentalement. Le but est identique, seul le moyen d'y parvenir diffère.

24. Thomas Hoover, *op. cit.*

5.

L'accession à la maturité

Même si le lieu de méditation est exigu il renferme l'univers.
Même si notre esprit est petit, il contient l'illimité.

Maître Sekito

Avec l'éclatement de l'enseignement du Chan en plusieurs branches, suivant les personnalités diversement inspirées des maîtres zen, c'est une époque qui prend fin. Une fantastique épopée spirituelle et intellectuelle arrive à son terme. Non pas brutalement, avec cette instantanéité ravageuse des envahisseurs, mais quasi naturellement, dans l'inéluctable lenteur d'une fin annoncée.

Pour nous, qui avons la chance immense de voyager dans le temps, comment ne pas faire le parallèle avec – justement ! – le bouddhisme qui, sous d'autres cieux, après avoir vu le jour dans les profondeurs d'une province lointaine de l'Inde, a pratiquement disparu du pays dans sa forme originelle – laissant la place à l'hindouisme, cette version réformée du brahmanisme – pour atteindre sa maturité et son rayonnement universel hors de son pays natal.

C'est également ce qui va se produire pour le zen. Né en Chine, dans la lignée du bouddhisme traditionnel importé par Bodhidharma, il y a certes accompli une percée spectaculaire et connu son "âge d'or", bouleversant les coutumes en rejetant le confucianisme et le taoïsme dans les profondeurs de l'Histoire, mais les divisions internes lui interdiront d'y atteindre son expression la plus aboutie. C'est donc ailleurs, au-delà des frontières de l'Empire du Milieu, qu'il va poursuivre son évolution et affirmer pleinement sa véritable identité.

Car le zen tel que nous l'avons approché jusqu'à présent n'est encore que fragmentaire et rythmé par la vie des monastères, soumis aux soubresauts dialectiques et aux joutes oratoires de maîtres conduisant des centaines, voire des milliers de disciples vers l'éveil. Il lui faut désormais franchir les murs des cloîtres, s'ancrer pleinement dans la vie de son temps et venir au-devant du profane, s'affirmer au cœur même de la société. Ce n'est qu'à ce prix qu'il pourra véritablement trouver sa dimension intemporelle.

Ce que la Chine a accompli, laissant jaillir de son sein de formidables pulsions de créativité spirituelle, nul autre pays n'aurait pu le faire. Elle seule disposait d'un terrain – un terreau – suffisamment fertile pour donner naissance au zen. En ce sens, elle a joué un rôle décisif en servant de "relais" à la pensée humaine pour continuer sa progression vers la Lumière, vers cet *éveil* devenu le but ultime pour tant d'individus. Mais à présent, étant allée au bout de ce qu'elle pouvait offrir, c'est à elle de "passer la main".

Pour cela, il n'y aura pas grand chemin à faire. Juste à traverser un bras de mer. Et à poser le pied sur un rivage voisin qui sera désormais considéré à tout jamais comme la terre d'élection du zen moderne : le Japon.

Le zen entre au Japon

Au milieu du XIIe siècle, le Japon connaît le bouddhisme. La majeure partie des classes dirigeantes s'y est ralliée depuis déjà plus de cinq cents ans.

A cette époque lointaine, l'introduction du bouddhisme dans le pays par un souverain coréen en quête d'un soutien militaire avait été utilisée pour lutter contre les menées des prêtres du shintoïsme[1] – auxquels s'était rallié le pouvoir en place – consi-

1. Shintoïsme : "Religion officielle du Japon jusqu'en 1945. Polythéisme animiste se traduisant souvent par l'exaltation de l'empereur et de la race japonaise" (*Petit Robert*).

déré comme religion majoritaire. C'est ainsi que dès le VIIe siècle des temples bouddhiques apparurent sur le sol japonais.

Mais ces temps médiévaux étaient propices à tous les excès. En quelques siècles, la magie et la multitude des sectes allaient avoir raison du bouddhisme “à la mode japonaise”. Non content de faire des milliers d'adeptes fervents aux quatre coins du pays, ce dernier commença à s'immiscer dans les affaires de l'Etat. L'empereur ne pouvait se satisfaire de telles ingérences, et surtout d'un impact aussi considérable qui, à terme, mettait en danger ses prérogatives. Aussi, ce fut une nouvelle fois le prétexte à chercher un contre-pouvoir religieux visant à déstabiliser le bouddhisme par trop voyant.

Les émissaires envoyés en Chine revinrent avec des adeptes de nouvelles sectes – dont on attendait qu'elles discréditent et déstabilisent le bouddhisme traditionnel –, notamment le Tendai[2] et le Shingon[3], qui rapidement devinrent très populaires et s'imposèrent au Japon.

Entre le IXe et le XIIe siècle, les relations entre la Chine et le Japon s'assombrirent, jusqu'à devenir quasi inexistantes pendant près de trois cents ans. Le bouddhisme japonais nouvelle formule continua de croître en autarcie, se répandant dans le pays, multipliant les déviations, prenant des habitudes d'Eglise décadente, nommant prêtres des courtisans pour de simples considérations d'intérêt et offrant ses rituels en guise de divertissements à la noblesse et à la classe au pouvoir. Cela eut pour triste conséquence de voir prospérer nombre d'institutions religieuses corrompues, qui bientôt commencèrent à lever des armées de moines dans le seul but de protéger leurs biens.

Sans que la cour impériale en prît véritablement conscience, les clans ruraux se développèrent, puissamment armés et défendus par une nouvelle race de guerriers, qui peu à peu constituè-

2. Tendai : école bouddhiste japonaise, au nom emprunté à l'école chinoise *T'ien-t'ai*, dont l'enseignement reposait sur l'étude du *Sutra du Lotus*.

3. Shingon : secte bouddhiste japonaise, au nom emprunté à l'école chinoise *Tchen-yen*, dont l'enseignement reposait sur le secret et le symbolisme ésotérique.

rent une classe militaire à part entière : les samouraïs. Lorsque l'empereur et l'aristocratie voulurent réagir, il était trop tard : les samouraïs s'emparèrent du Japon sans coup férir, instaurant un gouvernement militaire – à la tête duquel se trouvait le shogun – qui allait régner sur le pays pendant les huit prochains siècles.

Dans le même temps, la décadence du bouddhisme traditionnel s'accélérant, des velléités de réforme se firent jour çà et là, laissant apparaître le besoin grandissant d'un retour à l'essence même de la religion et à des pratiques plus en accord avec une vie spirituelle digne de ce nom. Le Japon religieux était mûr pour un retour à l'intégrité et à la discipline.

Une nouvelle fois, c'est vers la Chine que l'on se tourna, espérant y puiser les éléments d'une rénovation indispensable, sans toutefois rejeter totalement les valeurs fondamentales du bouddhisme. La rupture des communications entre les deux pays pendant trois siècles allait être à l'origine d'une surprise pour les Japonais : ils découvrirent brusquement qu'après les épurations du IXe siècle le bouddhisme originel avait disparu et qu'il ne restait plus que le Chan en Chine… si bien que leurs émissaires revinrent de facto au Japon avec le zen, nourrissant le secret espoir que celui-ci aiderait à restaurer la rigueur, tant dans la vie monastique que dans les techniques de méditation devant conduire à l'éveil.

Eisai : le premier "éveillé" japonais

C'est en 1191 que le prêtre Myoan Eisai[4] rentre au Japon. La tradition lui attribuera plus tard le mérite d'avoir introduit le zen linji – devenu Rinzaï – dans le pays, après avoir été le premier Japonais à recevoir le certificat authentifiant son éveil des mains d'un maître chinois.

4. Myoan Eisai : 1141-1215.

De fait, son plaidoyer en faveur du zen rencontre d'emblée un accueil favorable chez tous ceux qui souhaitent ardemment un retour aux valeurs les plus nobles de la religion :

En Chine, de même qu'en Inde, son enseignement a attiré des disciples et des dévots en grand nombre. La secte propage la Vérité comme le faisait l'ancien Bouddha, grâce à la robe de la transmission authentique, passant d'un homme au prochain. En matière de discipline religieuse, elle pratique la véritable méthode des sages du passé. Ainsi la Vérité qu'elle enseigne, à la fois en substance et en apparence, parfait les relations du maître et du disciple. Dans ses règles d'action et de discipline, il n'y a pas de confusion entre le vrai et le faux. (...) En l'étudiant, on découvre la clé de toutes les formes de bouddhisme ; en la pratiquant, on porte la vie vers son accomplissement dans l'atteinte de l'éveil. Extérieurement, elle favorise la discipline sur la doctrine, intérieurement elle apporte la plus haute Sagesse intérieure. Voilà ce que soutient la secte zen[5].

Son discours, qu'il sait prodiguer avec diplomatie lorsque le besoin s'en fait sentir, permet à Myoan Eisai d'une part de pénétrer peu à peu l'essence de la discipline du bouddhisme traditionnel, d'autre part de ne pas incommoder les samouraïs au pouvoir, parvenant même avec eux à une sorte d'entente tacite aux accents de compromis. Ces derniers trouvent en effet dans le zen une certaine forme de philosophie pratique – reconnaissance et développement des facultés intuitives, discipline, contrôle de soi, spontanéité du comportement... –, laquelle s'accorde à merveille avec leurs conceptions guerrières.

Ces heureuses dispositions permettent avec le temps – non sans une certaine ambiguïté car le pouvoir en place n'est rien de moins qu'une dictature militaire – d'installer le zen dans une situation chaque jour plus confortable, gagnant régulièrement des adeptes et apparaissant de plus en plus comme la religion de référence.

5. Théodore de Bary, Wing-tsit Chan et Burton Watson, *Sources of Japanese Tradition*, *op. cit.*

Dogen : le véritable fondateur du zen au Japon

Si Myoan Eisai est unanimement reconnu comme l'“importateur” du zen au Japon, c'est, par contre, à un autre maître prestigieux entre tous – Dogen[6] – que reviendra la pérennité de son installation définitive dans les mœurs et au cœur même de la civilisation japonaise.

Doté d'une forte personnalité et d'une volonté à toute épreuve, il s'affirmera en effet comme un initiateur hors pair, non seulement pour expliquer le zen, écrivant quelques-uns des textes les plus fondamentaux permettant une large compréhension, mais aussi pour faire entrer sa pratique dans la vie quotidienne, notamment avec l'édification du premier monastère zen au Japon et la codification des règles monastiques[7]. Cela explique qu'au long des siècles à venir il restera sans conteste le maître zen le plus honoré dans son pays.

Formé dès l'âge de dix-sept ans au zen de la secte Rinzaï dans le monastère de Kenninji[8] par le maître Myozen[9], un disciple d'Eisai, Dogen affiche bientôt une troublante incertitude : il ne trouve pas dans cet enseignement sa totale plénitude.

Après six années d'études, il décide finalement d'aller en Chine pour puiser à la source du Chan les données complémentaires qui pourraient enfin l'épanouir. Mais, contre toute attente, il ne fait l'expérience que d'une nouvelle déception :

Bien qu'il y ait en Chine un grand nombre de gens qui prétendent être des descendants des Bouddhas et des patriarches, il y en a peu qui étudient la vérité, et peu par conséquent qui enseignent la vérité... Ainsi, ce sont ces gens qui n'ont pas la moindre idée de ce qu'est la Grande Voie des Bouddhas et des patriarches, qui deviennent les maîtres des moines... Récitant quelques mots de Linji et de Yunmen, ils les prennent pour toute

6. Dogen : 1200-1253.

7. Celles-ci sont encore en vigueur à la fin du XXe siècle.

8. Monastère zen de la ville de Kyoto, fondé par Myoan Eisai en 1205.

9. Myozen : 1184-1225.

la vérité du bouddhisme. Si le bouddhisme avait été épuisé par quelques mots de Linji et de Yunmen, il n'aurait pas survécu jusqu'à nos jours[10].

Pendant près de deux années, Dogen voyage, cherche inlassablement un maître qui répondrait à son attente. Il le trouve enfin en la personne d'un moine nommé Jou-king[11]. Ce dernier "connecte" brusquement Dogen à ce qu'il cherchait, ce qu'il pressentait comme devant être "sa" voie. Désormais, il représente l'idéal que Dogen essaiera d'abord d'égaler lui-même, puis qu'il présentera ultérieurement à ses propres disciples comme un exemple à suivre. Cette rencontre n'est pas sans signification : elle va influencer fortement l'avenir du zen au Japon.

En mai 1225, Dogen connaît l'éveil et reçoit de Jou-king le sceau de la succession patriarcale à la tête de la secte Ts'oatong. Deux autres années s'écoulent avant qu'il ne reprenne le chemin de son pays, emportant sa robe de patriarche, le portrait de Jou-king et le recueil de *koan* de la *Falaise bleue*.

Mais surtout, Dogen porte en lui ce qui va donner naissance à l'école japonaise du zen Soto : ce qu'il a découvert avec ferveur chez son maître, c'est une grande rigueur apportée dans une méditation des plus intenses, appelée *zazen*. Dès lors, il ne va penser qu'à révéler à ses disciples la puissance de la méditation pure, notamment dans un ouvrage devenu une référence, intitulé *Recommandation universelle pour la méditation* :

Nous devrions prêter attention au fait que même le Bouddha Sakyamuni dut pratiquer zazen *pendant six ans. On dit aussi que Bodhidharma dut faire* zazen *au temple Shaolin pendant neuf ans, de manière à transmettre l'esprit du Bouddha. Puisque ces anciens furent si assidus, comment les "poulains" d'aujourd'hui peuvent-ils se passer de la pratique de* zazen *? Vous devriez cesser de poursuivre les mots et les lettres et apprendre à vous retirer et à réfléchir sur vous-même. Quand*

10. Cité par Yuho Yokoi, dans *Zen Master Dogen*, Weatherhill, New York, 1976.

11. Jou-king : 1163-1228.

vous le ferez, votre corps et votre esprit tomberont naturellement et votre nature originelle de Bouddha apparaîtra[12].

Ainsi débute, avec maître Dogen, une ère de purification du zen, sorte de retour aux sources – principalement axé sur la méditation intensive – en réaction aux excès décadents du bouddhisme traditionnel de l'aristocratie japonaise.

Tout au long d'une importante production littéraire[13], marquée par une étonnante créativité, Dogen ne cessera de réaffirmer, de préciser, d'affiner le rôle primordial de la méditation pure chez tout être souhaitant parvenir un jour à l'éveil. Des dizaines de maîtres après lui s'essaieront à donner une définition la plus claire possible de ce qu'est réellement *zazen*, mais aucune, au fil des siècles, n'égalera la lumineuse évidence avec laquelle il a su en parler :

Maintenant, pour faire zazen, *il est souhaitable d'avoir une pièce calme. Vous devez manger et boire modérément, et renoncer à toute relation illusoire. Mettant toute chose de côté, ne pensez ni au bien ni au mal, au vrai ou au faux. Ayant ainsi arrêté les diverses fonctions de votre esprit, abandonnez l'idée de devenir un Bouddha. Cela vaut non seulement pour* zazen, *mais pour toutes les actions quotidiennes. Habituellement, on pose une épaisse natte carrée sur le sol à l'endroit où l'on s'assoit, et dessus un coussin rond. Vous pouvez vous asseoir soit en position de lotus, soit en demi-lotus. Dans le premier cas, posez d'abord votre pied droit sur votre cuisse gauche, puis votre pied gauche sur votre cuisse droite. Dans le second cas, posez seulement votre pied gauche sur votre cuisse droite. Vos vêtements doivent être amples, mais soignés. Posez ensuite la main droite sur le pied gauche, et la paume de la main gauche sur la paume de la main droite, les bouts des pouces se touchant légèrement. Asseyez-vous bien droit, en ne vous penchant ni à*

12. Yuho Yokoi, *op. cit.*

13. Dans laquelle on retiendra notamment la *Conférence sur la pratique* (série de dix-huit questions-réponses sur *zazen*) et bien sûr *Shobogenzo* ("Trésor de la connaissance regardant le vrai Dharma") considéré durant de nombreux siècles comme le livre de référence initial – véritable trésor spirituel – de l'école soto.

gauche, ni à droite, ni en avant, ni en arrière. Vos oreilles doivent être sur le même plan que vos épaules et votre nez doit être aligné avec votre nombril. Votre langue doit être placée contre le palais, et vos lèvres et vos dents doivent être bien fermées. Les yeux continuellement ouverts, respirez calmement par les narines. Enfin, ayant réglé votre corps et votre esprit de cette façon, prenez une respiration profonde, balancez votre corps de gauche à droite, puis restez assis fermement comme un roc. Pensez à la non-pensée. Comment fait-on cela ? En pensant au-delà de la pensée et de la non-pensée. Voilà la base même de zazen.

Dogen laissera derrière lui l'image d'un homme très érudit, dialecticien inégalé dans toute l'histoire du zen, à la fois théoricien et homme de terrain puisqu'il dirigera le monastère Koshoji près de Kyoto, avant de faire construire le temple d'Eiheiji qui sera longtemps considéré comme monastère principal et centre du zen soto au Japon. Sous sa direction, la pratique du zen est désormais marquée par une discipline intransigeante. Il ne délaisse pas totalement l'utilisation du *koan* pour parvenir à l'éveil, mais lui redonne une plus juste place, le considérant davantage comme un outil annexe, une expérience momentanée et très courte devant aider le disciple à percevoir, le temps d'une métaphore, la réalité de l'état à atteindre :

En méditant sur divers "cas publics" (koan) et dialogues des patriarches, il se peut que l'on atteigne leur sens, mais cela aura seulement pour conséquence de nous éloigner de la voie du Bouddha, notre fondateur. Simplement passer son temps assis droit, sans aucune pensée d'acquisition, sans aucune intension d'atteindre l'éveil – telle est la voie du Fondateur. Il est vrai que nos prédécesseurs recommandaient à la fois le koan et la posture assise, mais c'est sur cette dernière qu'ils insistaient particulièrement. Certains atteignirent l'éveil grâce au contrôle du koan, mais la vraie cause de leur éveil fut le mérite et l'efficacité de la posture assise. Le mérite réside véritablement dans la méditation assise.

Fidèle à la tradition, c'est en posture *zazen* que Dogen s'éteint le 28 août 1253.

Troisième partie

L'IMPACT DU ZEN

Le zen touche en nous la réalité créatrice,
sans cesse en transformation, libératrice,
qui ne fait halte devant aucun devenu
et ne peut être condamnée
à aucune forme arrêtée.

Karlfried Graf Dürckheim

Puisqu'il nous est donné aujourd'hui l'extrême avantage de pouvoir prendre un recul riche d'enseignements, grâce à un fascinant voyage dans le temps, force est de reconnaître que le zen, tel qu'il s'est imposé au fil des siècles, résulte d'une dynamique, d'une ouverture de pensée étonnamment vivifiantes et régénérantes.

Ce que l'on aurait pu penser n'être qu'un regard curieux sur le passé se révèle chargé d'un sens autrement plus profond : quand bien même l'on n'est pas un orientaliste convaincu, épris d'une fervente spiritualité, c'est néanmoins d'une découverte initiatique dont il s'agit.

Cette quête insatiable de l'*éveil*, au cœur des préoccupations théoriques et monastiques des patriarches et maîtres du zen, interpelle inévitablement tout être humain. Qui n'a rêvé un jour d'atteindre la paix intérieure, de connaître la sagesse, de vivre enfin dans une profonde sérénité que rien ne viendrait troubler ?

L'idée que nous sommes *endormis* (puisqu'il faut s'éveiller...) dans notre vie quotidienne n'est pas non plus sans intérêt et conduit, pour peu que l'on fasse preuve d'objectivité, à nombre de questions pour le moins... stimulantes.

Avec le temps, par-delà les connotations religieuses et au-delà du cadre institutionnel des monastères, la force et la singularité du zen vont s'affirmer non pas comme un dogme traditionnel mais en tant que philosophie personnelle, à vivre et à mettre en pratique au quotidien. De cette ouverture au monde profane va naître un formidable impact qui ne cessera bientôt de s'étendre tant en Orient – sur un terrain déjà très "fertile" – qu'en Occident, témoignant, par là même, de la plus éblouissante des manières, de l'universalité du concept zen.

6.

Le zen, entre Orient et Occident

Le regard de la pensée occidentale se porte sur l'extérieur,
celui de la pensée orientale sur l'intérieur.
Mais si on les regarde tous les deux de la même façon,
on fait de l'intérieur un extérieur

T. Daisetzu Suzuki

Avec maître Dogen, le zen accède enfin à sa véritable maturité. Désormais, il ne cessera de se développer, de se répandre, mais ses fondements essentiels sont acquis.

A dater de cette époque il semble effectivement qu'au Japon une nouvelle "voie" s'ouvre à l'homme en quête de libération intellectuelle et spirituelle, de paix intérieure. Un chemin véritablement personnel et intime, en singulière opposition avec les approches religieuses habituelles plutôt globalisantes, telle une dynamique d'épuration au niveau le plus individuel.

Et c'est justement dans cette singularité que résidera la force du zen dans les années et les siècles à venir ; car, bien plus qu'une religion, il va s'imposer comme le moyen idéal de reconnecter l'homme avec lui-même, de l'aider à retrouver – ou à découvrir – sa véritable dimension intérieure. Mais quand on parle de l'homme il ne s'agit pas uniquement de l'homme japonais : c'est l'homme "générique", universel, celui de tous les pays. On comprend mieux, dès lors, pourquoi le zen, à sa manière, va peu à peu envahir la terre. Sans bruit, sans velléité de prendre le pas sur les croyances et coutumes locales, mais avec cette certitude sereine de porter en lui l'Essentiel et de l'offrir sans distinction – ni sans rien demander en retour – à tous les hommes.

La révolution du silence

Dans l'agitation, les tourments, les accès de précipitation ou les attentes interminables..., en un mot, le "bruit" inhérent à l'évolution d'une civilisation, à l'organisation de la vie en communautés dites civilisées, le zen se pose en défenseur – souvent anachronique – du retour au silence.

Ce qu'il propose à tout homme n'est rien de moins que de revenir à la source de lui-même, dans les profondeurs de son être où tout a commencé, où tout se décide, et où, en réalité, contre toute apparence, tout se perçoit et se vit avec la plus grande acuité.

Car c'est bien dans le silence le plus intime de notre existence, loin des heurts et des lumières, des agressions visuelles et auditives, des impératifs de toutes sortes et des influences multiples, que se pose le regard sur le présent, que se décident actes et pensées, que se forgent les leçons du passé, et finalement que se donnent les impulsions qui conduiront vers tel ou tel avenir.

Or le silence a de tout temps été une donnée fondamentale de la pensée orientale. Il n'est pas étonnant que ce soit en Chine puis au Japon qu'il ait surgi, jailli, avec une telle générosité. Encore faut-il s'entendre sur le sens donné au silence...

Là où certains Occidentaux ne voient que le vide, le manque, le silence de la mort qui angoisse, l'Oriental perçoit le silence authentique de la nature essentielle, de la vie qui s'accomplit et de l'impérissable qui apaise. Ainsi que le résume parfaitement Karlfried Graf Dürckheim, éminent spécialiste de la pensée orientale :

Une intuition secrète avertit l'homme que le vrai silence auquel l'âme aspire est plus qu'une agréable absence de bruit ou le calme compensateur de l'agitation et du surmenage dont sa vie est faite. Plus aussi que la condition de toute vie inté-

rieure et de toute santé psychique. Il a l'intime sentiment que le vrai silence va au-delà, fondamentalement, d'un simple élément, même déterminant, d'une existence heureuse et qu'il correspond plutôt à l'expérience de la vie qui s'épanouit. (...) Le sens du silence est plus grand chez l'Oriental que chez l'homme d'Occident. Son penchant naturel comme sa tradition, sa culture et sa pratique, l'y attachent davantage et lui font percevoir les atteintes au silence comme contraires à la Vie[1].

Le silence aide l'être humain à percevoir l'Essentiel dans sa propre existence. Il ne sert pas uniquement à compenser le tumulte de la vie quotidienne ; c'est aussi, surtout, une donnée à part entière, durable et nécessaire, dans la vie de chaque homme : c'est lui qui donne véritablement un sens intérieur à notre trajectoire dans ce monde. Et, de fait, il nous ramène au paramètre le plus fondamental de notre être : le rapport que nous entretenons – quotidiennement – avec la vie et la mort.

En Occident, une forte sensation d'insécurité face à notre existence terrestre – qui n'est pas autre chose que la peur de la mort – nous pousse à rechercher les réalisations matérielles, à tenter d'affirmer notre indépendance vis-à-vis de la nature.

A l'opposé de cette conception, l'Orient prône l'acceptation d'un destin inévitable incluant la mort comme une donnée naturelle :

La perception de la vie familière à l'Oriental est celle d'une "Grande Vie" qui dépasse toute petite existence et la mort que celle-ci implique. Mais, dans cette petite vie et dans sa mort se manifeste aussi la Grande Vie. Et quand celle-ci ne s'exprime pas seulement inconsciemment mais que, chez l'homme, elle se perçoit elle-même et prend conscience de l'être dans lequel elle est embrassée, la culture signifie : témoigner de la Grande Vie dans la petite existence et apprendre à l'accomplir docilement. (...) Pour l'Orient, pas le moindre doute : la nature profonde de la vie se manifeste dans la mouvance et les changements de toutes choses et ne s'accomplit pleinement que sur un

1. Karlfried Graf Dürckheim, *Le Japon et la Culture du silence*, Le Courrier du Livre, 1985.

chemin de transformation. (...) La Voie, elle, est toujours la même. C'est celle sur laquelle l'homme, grâce à son unité initiale avec la Grande Vie, renouvelée et affermie, qui s'y manifeste, se soumet humblement à la loi éternelle des mutations[2].

Cela explique pourquoi, durant des siècles, le Japon s'est appliqué à développer le concept zen. La pratique du silence intérieur – grâce à l'immobilité du corps, à l'exercice de la respiration et à l'exercice du centre – est peu à peu entrée dans la vie quotidienne, jusqu'à devenir une constituante fondamentale de la nature et de l'identité japonaises, s'imposant comme un élément à part entière de la culture de ce pays.

Une culture essentielle à l'homme

Et c'est justement là, dans cette notion de "culture essentielle à l'homme", que le zen trouve sa plus grande force, son message le plus éloquent, pour sensibiliser l'Occident.

Car pas un instant, malgré sa pratique teintée d'une rigueur tout orientale, le zen n'est fondamentalement "orientaliste" : il est bien davantage "humaniste", au sens le plus noble du terme. Il s'adresse à l'homme en général, quelles que soient son origine, sa race, sa culture ou sa langue. Il concerne ce "tronc commun" à tous les hommes, qui, par-delà les clivages réducteurs, nous place tous dans la même unité de référence. Son objectif avoué n'est rien de moins que la *renaissance de l'homme par l'expérience de l'Etre*.

Il se propose de nous enseigner la découverte de nous-même, de notre centre le plus vital. Il nous met sur la voie du raccordement à cette source divine inhérente à toute chose, mais sans passer par la pensée analytique ou la croyance dogmatique. Il stimule la résurgence de notre richesse intérieure, de notre créativité latente, de cette vie authentique qui couve en chaque être. Il régénère les habitudes qui obscurcissaient l'horizon, dyna-

2. Karlfried Graf Dürckheim, *op. cit.*

mise et libère, active le renouvellement, nous dévoile le sens humain dans sa vérité universelle.

Ce faisant, le zen se pose – s'impose – comme une réponse des plus cohérentes aux incertitudes et aux interrogations multiples de l'homme occidental moderne. D'autant plus lorsque nous dépassons la simple curiosité pour véritablement faire preuve d'une ouverture d'esprit tant intellectuelle que spirituelle.

Dans une faille de la pensée occidentale

Malgré la grandeur de ses idées comme de ses concepts, l'élan et la dynamique de ses réalisations, l'homme occidental ne peut totalement masquer sa fragilité latente. Elle tient en fait au stade où en est arrivée sa civilisation ; autant dire qu'il a autogénéré les maux dont il souffre aujourd'hui.

Car, ne nous y trompons pas, c'est bien d'une souffrance dont il s'agit. A mesure qu'il structure ses communautés, qu'il développe ses technologies, qu'il aménage son espace de vie, l'homme multiplie en réalité les créations qui l'éloignent de lui-même. Ces réalisations sont autant de nouveaux paramètres extérieurs, qui, certes, tendent globalement vers l'amélioration, mais, comme facteurs d'abstraction, peu à peu le conditionnent, le contraignent, et finalement le dépersonnalisent chaque jour davantage.

Or, s'il est une chose dont l'homme moderne a besoin avant toutes les autres, c'est bien d'être sécurisé et non pas déstabilisé. Malheureusement, l'univers qu'il s'est forgé ne contribue guère à le conforter dans ses choix les plus intimes ; au contraire, celui-ci multiplie les incertitudes, les illogismes, quelquefois même les incohérences et les absurdités. Autant d'éléments qui mettent encore davantage en péril les certitudes les plus intimes de chacun.

Dans une civilisation vouée au matériel, au consommable et au jetable – au "remplaçable" et au "zapping" –, l'homme moderne perd ses repères de permanence et voit se profiler à tout instant la menace de la destruction. C'est son existence même – la vie, tout simplement – qui lui semble être en danger.

Il s'éloigne de son propre centre vital..., ce qui est source d'un flottement et d'une souffrance accrus.

Pour compenser ce décalage douloureux à bien des titres, l'homme occidental n'a qu'une solution : se mettre en quête d'une "protection permanente" qui lui garantisse de ne pas être complètement et définitivement happé par ce monde moderne dépersonnalisant ceux qui le construisent. C'est alors que la rencontre avec le zen prend tout son sens, car la fonction première de celui-ci est de redonner un sens à l'existence.

Mais avant d'y parvenir il faut franchir les multiples barrières de ce que l'on nomme la "conscience objective", de cette vision du monde qui donne à la réalité humaine une dimension très particulière... et d'autant plus difficile à gérer par l'individu.

Dépasser la conscience objective

La vie de l'homme dépend en premier lieu de la conception qu'il en a. Formule peut-être simpliste et réductrice... mais ô combien réaliste !

Car il est vrai que tout est étroitement lié à la manière dont nous appréhendons le monde qui nous entoure. Et c'est justement là que naissent la plupart de nos problèmes, comme le résume fort bien Karlfried Graf Dürckheim :

Un malaise intervient chez l'Occidental lorsqu'une certaine forme de conscience, dont le développement fait partie de son évolution humaine, s'établit et s'impose au point de régner seule. Cette forme est la conscience objective. A son niveau, la réalité humaine est traitée comme "objective", c'est-à-dire existant indépendamment de l'homme. Tous les actes, tous les refus de celui-ci sont déterminés par l'"objectivité". Son droit à la vie en tant que sujet est réprimé, parce que "purement subjectif" dès qu'il s'agit de connaître, organiser ou maîtriser le monde. Mais l'existence ne se vit pas seulement comme une affirmation, ou un échec, par rapport à un univers objectivement pensé. La vie humaine est d'abord expérience, transformation et réalisation de soi – ou échec – du sujet individuel. Bonheur ou souf-

france l'avertissent si, oui ou non, sa vie est en harmonie avec la promesse et les potentialités de l'Etre qui l'habite[3].

La "conscience objective" pourrait n'être qu'un aléa parmi d'autres dans la trajectoire de l'homme si elle n'avait en réalité une importance vitale : c'est elle qui détermine ce qui est réel et ce qui ne l'est pas, ce qui doit être considéré comme important ou rejeté comme illusoire. C'est purement et simplement d'un classement préalable à toute perception ou sensation humaine qu'il s'agit.

En d'autres mots, l'homme est "déconnecté" de son Etre le plus essentiel, pour ne plus fonctionner qu'en rapport avec des références établies arbitrairement hors de lui. Rien n'est censé exister hormis ce qui est "objectivement définissable". Comment, dès lors, s'étonner qu'il y ait à la fois perte d'identité et du sens profond de la vie…

Face à un être dont les droits doivent sans cesse s'incliner devant les contraintes du monde, au nom d'une définition objective de l'univers, dont l'existence est ballottée entre renoncements et refoulements – ce qui conduit à une négation de son Etre le plus profond et à la perte de son identité fondamentale –, le zen se présente indéniablement comme une planche de salut. Non pas une solution salvatrice uniquement temporaire, comme tant d'autres, mais bien une réponse concrète et durable au mal-être qui envahit et submerge l'homme moderne.

Ce que fait le zen n'est rien moins que raccorder dans une unicité primordiale la réalité humaine et l'homme, démontrant que la conscience objective n'a pas lieu d'être : les problèmes viennent du fait que l'individu considère ce qu'il voit, touche, perçoit comme "hors de lui", alors qu'il s'agit d'un tout, d'une seule et même dimension dont fait partie chaque être, chaque chose. Le zen n'a pour mission que d'affranchir l'homme de son égo qui est source de toutes les souffrances :

Le zen nous apprend ceci : lorsque l'homme "lâche" son moi ordinaire – et il le peut –, ce qui reste n'est pas "rien". Au contraire, toute la vie devient présente d'une autre manière.

3. Karlfried Graf Dürckheim, *Le Zen et Nous*, Le Courrier du Livre, 1976.

L'homme n'est plus un sujet percevant la vie comme une multiplicité d'objets délimités, mais un sujet dans lequel la vie est intimement présente au-delà de l'objectivité et des contraires. Cette nouvelle vision exige un élargissement de la conscience. A un certain degré d'évolution, un saut qualitatif devient nécessaire, le saut hors de la petite existence limitée vers la vie sans limites, du contingent vers l'absolu, de l'homme naturel vers l'homme initiatique, c'est-à-dire celui dont la vie s'enracine dans l'"initiation". Initier signifie : ouvrir la porte du secret. Quel est ici le secret ? C'est le Soi, d'abord caché par notre souci existentiel, mais qui nous habite, le Soi mode de présence en nous de l'Etre universel. C'est de ce saut qu'il s'agit dans le zen[4].

L'homme vit dans un univers qui le dépasse. Il ne maîtrise que très partiellement les circonstances. L'impermanence des choses – donc de sa vie – alimente en lui une angoisse existentielle, qui trouve son exutoire dans toutes les formes de sécurité, les structures solides, les multiples "refuges" créés artificiellement par la communauté. C'est pourquoi, dans un premier temps, il tend vers une vie organisée autour de concepts clairement définis et classés : il recherche avant tout la stabilité et la permanence. Or ces dernières, paradoxalement, contre toute attente ne font qu'entretenir et développer le déséquilibre.

C'est alors que naît la détresse : négligeant et repoussant ses aspirations naturelles vers l'Etre, l'homme se découvre prisonnier de son insatiable besoin de permanence et d'ordre, du monde qu'il a créé, *un univers ordonné par la raison, conditionné par la morale, dominé par la technique.* C'est le stade de la dépersonnalisation.

En finir avec la dépersonnalisation

A mesure qu'il s'enferme dans son cocon sécurisant, l'homme perd le contact avec son essence. Plus il assimile sa propre image à ses réalisations, plus il en devient esclave et s'y sou-

4. Karlfried Graf Dürckheim, *Le Zen et Nous*, *op. cit.*

met, sans toujours s'en rendre compte. Ce qui ne devait être qu'un havre de paix et de sécurité, qu'une protection, devient une prison. L'ordre impersonnel enferme l'homme dans des limites contraignantes, le réduisant finalement lui-même à l'état subalterne de "chose" : il lui est désormais impossible de prétendre à une quelconque individualité, de faire valoir sa profondeur la plus essentielle.

Ravalé au rang d'objet parmi d'autres, l'homme n'a plus d'identité. Il n'est qu'une partie du tout, un simple rouage dans une machine qui le dépasse, qui lamine sa richesse et sa singularité, qui réduit son existence aux normes limitées d'un système ne prenant pas en compte la réalité de sa vie intérieure.

Car c'est là toute l'ambiguïté : l'homme social existe, classé et sécurisé tant que faire se peut dans un système froidement et objectivement pensé, mais l'homme réel, initial et essentiel, est muselé ; son identité réelle est niée, ses pulsions vitales réfrénées, sa créativité bafouée, ses éventuelles revendications personnelles rejetées, son aspiration à la libération incarcérée dans un moule savamment contrôlé.

Mais c'est sans compter avec la flamme de vie qui brûle en tout être humain, avec cette force indestructible qui n'a de cesse d'affirmer au grand jour la réalité de l'individu dans son expression la plus dépouillée et la plus véridique :

Lorsqu'il n'arrive plus ni à s'étourdir ni même à se fuir, il est finalement obligé d'écouter sa voix intérieure. Il prête alors attention aux expériences qu'il négligeait et cherche les chemins possibles vers un renouveau religieux. Au sens le plus profond, cette évolution renvoie l'homme à lui-même. (...) Une telle expérience est le fruit d'une maturation : par le détour d'une première phase qui l'éloigne de son Etre, l'homme redevient attentif à la sagesse de sa propre profondeur[5].

Vient alors pour l'homme le temps de retrouver sa réalité intérieure et d'accéder – enfin ! – à une réalisation de lui-même pleine et entière. Le retour sur soi prend alors toute sa dimension, révélant la voie cachée menant à l'Etre essentiel.

5. Karlfried Graf Dürckheim, *Le Zen et Nous*, *op. cit.*

Le moment est venu de s'abandonner à *l'expérience intérieure de la transcendance immanente en nous*, à la régénération la plus essentielle, à la lumineuse initiation du zen...

7.

L'enseignement du zen

Si je dois enseigner dix fois par des conférences,
par la parole, il est préférable que neuf fois,
je pratique et montre par le corps,
et que je ne parle qu'une fois.

Maître Keizan

Au fil des décennies, sans faire de bruit, le zen s'est affirmé comme un lien essentiel reliant l'Occident et l'Orient, entre ces deux civilisations dont l'une considère comme son devoir d'organiser le monde et la seconde voit la réalisation de l'homme dans sa maturation intérieure.

Le zen se situe à la frontière entre le matérialisme occidental et la sagesse orientale. Et, lorsqu'il les réunit, c'est une véritable fusion qui s'opère, révélant malgré nombre d'a priori une étonnante complémentarité. En définitive, c'est l'homme qui profite de cette avancée spectaculaire, allant toujours plus loin sur le chemin de son évolution, de son *éveil*.

Mais, pour les Occidentaux que nous sommes, dépasser la dépersonnalisation n'est pas une mince affaire. Vouloir se reconnecter avec sa vie intérieure est une chose… Plonger concrètement dans la profondeur de son "Etre essentiel" en est une autre !

C'est pourquoi il faut apprendre. Le zen se dévoile à nous sous la forme d'un enseignement, cohérent et rationnel, dont l'origine remonte aux premiers patriarches. Il a pour objet d'amener – d'élever – l'homme à un autre niveau de lui-même, de l'aider à affirmer une conscience nouvelle (qui n'est plus "objective" dans le sens réducteur) :

Le zen est l'enseignement de l'Etre, de l'expérience de l'Etre et de la vie par l'Etre. Ce n'est ni une ontologie[1], ni le résultat de réflexions philosophiques ou de spéculations métaphysiques. C'est l'expression d'une expérience intérieure, celle de l'Etre qui est notre nature essentielle. Cette expérience est l'effet, le contenu, la forme d'une certaine conscience, celle où, en l'homme, la vie devient consciente d'elle-même[2].

Que faut-il attendre de l'enseignement du zen ? En premier lieu, la découverte d'une nouvelle conception de la connaissance et de la richesse : dans un cas comme dans l'autre, il ne s'agit plus d'avoir ou de gagner quelque chose qui serait extérieur à nous, mais de le découvrir et de l'assimiler par l'expérience intérieure :

Le zen n'est rien d'autre qu'expérience : expérience cherchée, faite, acceptée, respectée, témoignée. Ainsi le savoir contenu dans le zen n'est jamais objectif. C'est une connaissance vivante. Dès qu'elle dégénère en savoir objectif, le zen disparaît[3].

Les exercices sur lesquels repose l'enseignement du zen ont pour vocation de construire, d'élaborer, de donner le jour à une vision du monde différente, nouvelle. C'est d'un cheminement très personnel qu'il s'agit : celui de notre conscience la plus profonde et la plus intime pénétrant notre nature essentielle. Autrement dit, les "retrouvailles" avec ce que l'on "est" véritablement, indépendamment de ce que l'on "a".

Le sens du zen réside dans cette simple nécessité : vivre ce que l'on est réellement, sous la couche des apparences, maintenant et toujours. C'est faire abstraction de tout ce qui sépare et

1. Ontologie : "Partie de la métaphysique qui s'applique à l'être en tant qu'être, indépendamment de ses déterminations particulières" (*Petit Robert*).

2. Karlfried Graf Dürckheim, *Le Zen et Nous*, *op. cit.*

3. Karlfried Graf Dürckheim, *op. cit.*

différencie – reconnaître qu'il ne peut y avoir d'opposition – pour retrouver le sens de l'"Un", où toutes choses sont réunies, de l'unicité de ce qui nous entoure au sein d'une seule et même dynamique.

Le message et la force fondamentale du zen tiennent dans cette affirmation : il n'est rien qui puisse être "opposé" de telle sorte qu'il y ait différenciation. Tout ce qui nous entoure, que l'on perçoit, à quoi nos sens nous permettent d'accéder, n'est pas étranger mais *partie de nous-même* : ce que l'on définit hors de soi est source d'opposition.

Des pièges du langage à l'éloquence du silence...

On comprend mieux, dès lors, pourquoi l'enseignement du zen ne passe pas par les mots. Projeté hors de nous, d'une certaine manière le mot est déjà en situation d'oppositon. Il dispose d'une foule de nuances pour introduire l'antagonisme, la contradiction, la séparation..., en un mot l'éloignement de l'"Un". Avec le mot apparaissent les "contraires", symboles de dualité, qui sont autant de facteurs séparateurs (et non unificateurs).

S'il fallait résumer l'enseignement du zen en une seule notion, il suffirait simplement de dire qu'il libère et éveille l'homme en le replaçant dans la non-dualité.

Pour ce faire, il n'est qu'une solution : la plongée intérieure au tréfonds de l'Etre. Qu'une seule expression : le silence. Qu'un "instrument" réellement efficace : la méditation pure.

... jusqu'à l'ouverture de l'œil intérieur

L'enseignement du zen, s'il se propose de nous conduire à l'illumination, ne peut cependant être comparé avec les autres enseignements que nous avons expérimentés à ce jour. Pour la simple raison qu'il ne "fonctionne" pas de la même manière ;

alors qu'une approche classique utilise notre regard d'hier pour nous faire voir et nous apprendre de nouvelles données, le zen va beaucoup plus loin ; il nous dévoile une partie cachée de nous-même : un œil intérieur, qui, en s'ouvrant, va désormais donner un autre contour à tout ce qui nous entoure. Il ne s'agit pas simplement d'un surplus de connaissance qui viendrait s'ajouter à notre bagage passé, mais bien d'une nouvelle dimension concernant le moindre détail et la plus petite nuance de notre histoire.

L'*éveil* que nous offre le zen réside dans cette lumineuse révélation d'une autre ampleur soudainement conférée à notre existence dans sa globalité. Ce n'est pas un petit plus : c'est toute une vie qui s'anime différemment, la vue rendue à un aveugle. Tel un majestueux envol dans la négation de la pesanteur.

Cette limite franchie, rien ne peut plus être comme avant. Avec ce regard nouveau, c'est notre Etre le plus profond et le plus intime – le plus authentique – qui surgit au grand jour, affirmant une réalité, une identité et une densité jusque-là insoupçonnées.

C'est là le premier pas vers l'*éveil*, lorsque le moi de l'homme – son ego au quotidien – se dissout dans son Etre véritable brusquement révélé. Ensuite viendra la seconde étape, qui consiste en l'éclosion de l'Etre dans le moi, à savoir le retour au quotidien, mais à présent illuminé par l'Etre intérieur et non plus brimé par les conceptions sclérosées de l'ego et les souffrances qu'elles engendrent :

L'homme dont l'œil intérieur s'est ouvert vit encore sa vie habituelle dans l'espace et le temps, mais dans cet espace et ce temps il y a l'au-delà du spatio-temporel. En tant qu'ego tendu entre le passé et l'avenir, l'homme éveillé à l'Etre vit dans un éternel maintenant. Et parce qu'il vit par cet éternel présent, espace et temps sont transformés. Il souffre comme un homme ordinaire, mais comme si pourtant, en quelque lieu, il se trouvait hors de la souffrance. Dans toute la douleur du monde, la rayonnante sérénité venue des profondeurs ne l'abandonne pas. (...) Toute action devient rapide et précise : réduite à l'indis-

pensable, rien de plus. Chercher de l'eau s'il y a le feu, rien de plus, manger si l'on a faim, rien de plus. Dormir si l'on dort, pas autre chose. Tout cela avec une présence totale, en pleine lucidité, du centre de soi-même, sans trace de distance entre la pensée et l'acte. En s'abandonnant sans réserve à la vie qui vient du centre[4].

Enseigner par l'expérience

L'une des particularités majeures du zen réside dans le fait qu'il ne s'"apprend" pas mais doit se vivre. La connaissance qu'il véhicule est de l'ordre du vécu : le zen n'existe pas en dehors de l'expérience personnelle. Il n'est pas d'*éveil* qui puisse être atteint sans une implication totale de l'individu en quête de libération. Aucune approche théorique ne peut remplacer cette "immersion totale", qui seule peut ramener l'homme face à son Etre essentiel et initial.

A aucun moment l'enseignement du zen ne place l'étudiant en position passive : c'est lui qui au contraire est le moteur de sa propre évolution. Le maître qui le conduit sur le chemin de la révélation fait office de stimulateur, de catalyseur, adaptant sa présentation des arcanes du zen au niveau de conscience de l'élève.

Que le maître vénéré adopte une approche de base verbale ou se réfère à d'anciens écrits, l'enseignement du zen n'a de sens véritable, de profondeur réelle, que dans un constant rapport à l'expérience : tout son contenu en est issu et y conduit. Pour le disciple, les mots ne sont jamais que des prétextes à plonger dans une expérimentation des plus concrètes, sans cesse renouvelée, approfondie, aux limites toujours repoussées.

De l'expérience naît la connaissance, par le biais de l'analyse des conditions et des résultats, lesquels vont générer l'expérience suivante. C'est alors qu'intervient un autre élément, tout

4. Karlfried Graf Dürckheim, *op. cit.*

aussi essentiel dans l'enseignement du zen : l'exercice. En effet, c'est traditionnellement par l'exercice que l'on mesure si l'expérience a porté ses fruits ; un exercice inlassablement recommencé, qui désormais rythmera l'existence du nouvel initié jusqu'à la fin de ses jours.

De la valeur de l'enseignement prodigué par le maître, capable de cerner dans les moindres nuances le degré d'évolution et de conscience du disciple, mais aussi de l'absolue motivation de l'élève, dépend la pureté de la pratique et par voie de conséquence la qualité de l'expérience.

Le rapport maître-élève

L'une des spécificités majeures de l'enseignement du zen réside dans le rapport incontournable entre le maître et l'élève. Aucune transmission de la connaissance n'est concevable hors de ce cadre, à la fois privilégié et teinté d'une grande rigueur.

L'objectif du zen est d'amener l'homme à prendre conscience de son Etre véritable, de son essence réelle. Pour ce faire, il doit impérativement se débarrasser de tout ce qui, jusqu'à présent, recouvrait faussement sa nature profonde. La régénération de sa trajectoire est à ce prix.

Mais, pour y parvenir, encore faut-il identifier et dépasser les obstacles qui par le passé empêchaient de voir la réalité des choses. C'est là qu'intervient le maître.

Lui seul peut amener l'élève à identifier puis à renverser toutes les notions erronées liées à la "conscience objective", à cet ordre des choses superficiel autrefois encensé sans la moindre référence aux besoins réels de l'Etre essentiel.

Le maître éclaire le chemin, montre la voie, indique le sens, transmet le souffle. Mais il sait aussi faire violence, se montrer exigeant et dur, implacable dans ses jugements, sans concessions dans le regard porté au travail de l'élève. Le savoir du maître est infini ; il sait en user avec la justesse du sage :

Ce qui est établi, arrêté, doit être renversé. On croit avoir un droit ; il est nié. Ce à quoi l'on tient vous est arraché. Le maî-

tre ridiculise les choses dont l'homme tire vanité. Ce qu'il croit être est démasqué ; ce qu'il croit savoir, développé ad absurdum. *En outre, tous les moyens sont bons au maître, absolument tous. Le sens des propos et des actes, par ailleurs incompréhensibles, du maître s'explique et se justifie par l'élévation de son but. Il y a la réponse absurde, l'agression imprévue, le trait bien visé, le coup de poing au visage, la gifle, l'offense, le rire sarcastique, le cri effrayant. Il y a l'inacceptable pour le moi qui doit être accepté ; le totalement intolérable qu'il faut avaler, l'inattendu bousculant, démolissant tout ce qui porte, élève et protège l'ordre habituel de notre conscience de nous-même et du monde. Leur chute brutale peut précisément ouvrir au chercheur la vérité au-delà de cet ordre. Il reconnaîtra ainsi dans le fermement établi, le fermement fixé, dans la réalité qui était son appui, un simple objet, opposé à sa position de moi. Son intelligence objective faussait l'indéfinissable en cherchant à le définir*[5].

Le rapport qui s'installe dès les premiers instants entre le maître et l'élève est certainement l'un des plus forts et des plus complets qui puissent exister entre deux êtres. Il ne peut d'ailleurs en être autrement quand on sait combien l'implication du disciple doit être totale.

En effet, souhaiter bénéficier de l'enseignement d'un maître zen, c'est franchir une limite, entrer dans un autre monde, accepter de ne plus se retourner. Cela revient à faire vœu de mettre sa vie dans les mains d'un sage. C'est être prêt non seulement à se laisser diriger, mais aussi à obéir en toute chose.

Dès lors, c'est à l'abandon total de soi qu'il faut parvenir, s'en remettant avec abnégation – en acceptant de subir toutes les épreuves – à l'immense savoir d'un homme. C'est tout abandonner d'un instant à l'autre et s'ouvrir à la sagesse intuitive du maître. Alors seulement, après avoir parcouru un long chemin d'épuration et de dépouillement, de renoncement à soi et d'ouverture à la Lumière, l'élève atteindra la renaissance.

5. Karlfried Graf Dürckheim, *op. cit.*

Les “instruments” d’un enseignement épuré

Les moyens dont dispose le maître pour dispenser l’enseignement du zen sont divers et le plus souvent complémentaires.

Le premier d’entre eux – et sans conteste le plus fréquemment employé – est le silence. Sans le silence, le zen n’existerait pas. C’est en effet la voie royale par laquelle l’élève peut accéder à son Etre primordial. Le silence est bien sûr la condition *sine qua non* du recueillement, mais c’est aussi, surtout, le cadre indispensable à toute méditation.

La méditation silencieuse est au cœur de l’enseignement du zen. C’est elle qui forge le caractère du disciple, disperse une à une les scories qui recouvraient jusqu’alors son essence profonde et l’empêchaient de vivre dans la plénitude.

La méditation est la mère de toutes les sérénités. C’est la porte ouverte sur de multiples dimensions qui reconnectent l’homme avec sa réalité cosmique. Elle conduit à l’intemporel ; elle fait flotter dans le spatial ; elle provoque la rencontre “magique” entre l’homme et son Etre véritable.

La méditation arrête le temps, brouille les cartes abstraites qui submergent l’existence humaine dans un contexte social donné, pour redonner un sens – son sens – à la Vie.

Mais il ne doit pas y avoir la moindre ambiguïté : la plongée dans le silence ne ressemble en rien à une chute volontaire et désespérée dans le vide. Car le silence n’est pas l’absence de vie. C’est au contraire le point de rencontre – d’existence réelle – de tout ce qui se trouve dans cette dimension appelée “éternité”, là où tous les êtres et les choses existent au-delà du concept et de l’image.

C’est dans l’infini du silence – qui n’est pas l’*insondable* –, bien loin des définitions savantes, des conceptions primaires et des jugements arbitraires, que chaque parcelle de ce qui constitue notre univers prend sa véritable densité, révèle sa valeur la plus authentique. Là où plus un seul des bruits quotidiens qui habituellement nous martèlent l’esprit ne vient nous détourner de l’Essentiel.

Et c’est bien la fonction de la méditation silencieuse que

d'être un havre de paix profonde et de sérénité, qui seules peuvent engendrer la sagesse et conduire à l'*éveil*.

Autre élément fondamental de la méditation silencieuse, la posture du *zazen* n'est rien de moins qu'un exercice sans cesse recommencé, toujours amélioré, destiné à affermir dans le même temps l'abandon du moi et une vraie rigueur dans la recherche de la position juste – tant physique que morale et spirituelle. Elle se veut à la fois la traduction d'une victoire sans partage de l'esprit sur le corps, mais aussi l'affirmation d'une volonté toujours plus forte, plus épurée, capable de transcender le concret et le matériel pour accéder à l'Essentiel.

De cette détermination sans cesse réaffirmée découle également une attitude très nette quant à la manière d'évoquer cette quête de l'*éveil*. Ainsi que nous l'avons noté précédemment, les pièges des mots sont à éviter, de même que ceux inhérents aux concepts galvaudés et aux images trompeuses ; il s'ensuit une "non-formulation" qui interdit quasiment tout discours : formuler, c'est déjà ne plus être dans le zen.

C'est pourquoi, à tout moment et par tous les moyens, le maître s'attache à destructurer ce qui pourrait prendre la forme d'un concept dans l'esprit de l'élève, car la vérité, la réalité de l'Illumination se trouve dans l'informel et doit donc rester informulée. *En empêchant l'élève de traduire son expérience en paroles, il sauve le trésor qui s'y cache.*

8.

La pratique du zen

Ton trésor est celui qui est en train de me poser des questions.
Tout est complet en lui. Il n'y manque rien,
et qui plus est les choses qu'il renferme sont inépuisables.
Considérant que tu peux disposer librement de ce trésor,
pourquoi donc persistes-tu à errer loin de chez toi ?

Ma-tsou Tao-i

Il suffit de prendre connaissance des fondements de l'enseignement du zen pour comprendre d'emblée que ce dernier nécessite une pratique assidue. Encore faut-il s'entendre sur le sens des mots “pratique” et “assidue”.

Un dictionnaire moderne[1] donne du mot “assidu” la définition suivante : “Qui est régulièrement présent là où il doit être.” En l'occurrence, c'est bien entendu la notion de régularité qui nous intéresse tout particulièrement. Car, dès lors qu'il se propose de reconnecter l'homme avec son Etre essentiel, le zen touche à la Vie dans son ensemble, dans ses moindres recoins comme dans ses plus infimes nuances ; c'est une recherche, un travail, une lutte, un mûrissement de tous les instants. On ne peut y entrer et en sortir ponctuellement – à des heures précises ! – comme c'est souvent le cas dans d'autres enseignements. Parce que le zen traite de l'Essentiel, l'implication doit être totale… ou n'est pas.

1. Le *Petit Robert*.

De la même manière, l'assiduité requise ne se limite pas à une présence régulière en un lieu donné. Elle ne peut pas non plus être assimilée à la présence recommandée lors des offices d'un culte religieux, desquels on sort pour passer à autre chose et s'engager dans une activité qui n'a souvent rien à voir avec ce qui vient de se produire.

Le zen ne requiert pas une disponibilité "en pointillé", une attention parcellaire ; au contraire, il attend de celui qui entre dans son univers, qui est sensibilisé par sa conception du monde, une complète adhésion, laquelle trouve sa traduction – son application – dans chaque pensée, chaque acte.

Parce qu'il implique l'élan vital en l'homme – sa dynamique la plus fondamentale –, **le zen devient la vie.** Ou plutôt, à l'image du maître dispensant sa grande sagesse, **c'est la vie entière de l'élève, de l'adepte, du disciple, qui doit devenir zen.**

"Pratiqué assidûment" le zen conduit alors, par le biais d'exercices visant à l'épuration, à discipliner peu à peu tant le corps que l'esprit, jusqu'à les amener au seuil de l'abandon et du renoncement, à les dépouiller du fatras de conceptions et d'actes inutiles qui embrument l'esprit et l'empêchent de voir où est son Etre véritable.

Lorsque enfin la pratique se fond dans le naturel, jusqu'à en être oubliée tant elle fait partie du quotidien – tant elle "est" l'habitude non contraignante –, l'état minimal de conscience pour connaître l'*éveil* est atteint.

Exercices zen : une gamme complète

Dès lors que l'on parle d'exercices, il est essentiel de garder à l'esprit que tous n'appartiennent pas à la même catégorie. Il existe en réalité deux types d'exercices dans l'enseignement du zen, dont les diverses finalités sont bien entendu complémentaires et tendent à préparer l'élève à connaître l'*éveil*.

On distingue d'une part les exercices pratiques. Ancrés dans la matérialité et l'existence quotidienne, ils visent à améliorer le mode de fonctionnement de la personne au jour le jour vis-à-vis de l'extérieur d'elle-même. Tout ce qui concerne la respiration, la relaxation, les postures de méditation, appartient à ce groupe.

Il y a d'autre part les exercices qui ne concernent en rien le pratique et le matériel et s'attachent davantage à la réalisation intérieure de l'Etre. De nature plus abstraite, ce sont les exercices dits "initiatiques". Ils ont pour objet de transformer l'élève, de l'élever au rang de disciple en lui transmettant un savoir caché. Ainsi que le précise fort justement Karlfried Graf Dürckheim, *ce "secret" est justement l'Etre, le centre insondable. En intérioriser la conscience, renaître en lui, y prendre source, telle est la finalité de tous les exercices du zen.*

Dans tous les cas, les exercices du zen proposent à l'individu un travail sur lui-même et ont pour objectif un enrichissement de son Etre le plus profond. Encore faut-il être clair sur la nature de cet "enrichissement". Pas un instant il n'est question d'accroître le savoir et le pouvoir en termes de profit du point de vue du maître. Ce vers quoi tend toute la dynamique du zen *c'est le renouveau, par l'éveil, de l'homme à son Etre et sa transformation à travers lui. L'axe autour duquel tournent tous les exercices zen est le plein accomplissement humain, le Satori, la grande expérience. Par elle le vieil ego disparaît, laissant la place à l'éclosion du Soi. L'homme, transformé et devenu lui-même, reprend ensuite sa place dans le monde, où il attestera l'Etre par une nouvelle manière de connaître, de créer, d'aimer*[2].

Vers une autre conscience...

Les exercices du zen n'ont de valeur réelle que dans la pureté du but unique qu'ils s'assignent au travers de multiples voies : la transformation de la conscience.

En passant d'un fonctionnement artificiel – et superficiel – strictement basé sur la satisfaction de son ego à cet autre ne reposant que sur les aspirations de son Etre le plus essentiel et profond, l'homme change de registre et accède à une autre

2. Karlfried Graf Dürckheim, *Le Zen et Nous*, *op. cit.*

dimension. Plus qu'une simple transformation qui pourrait n'être que partielle et temporaire, c'est d'une complète et durable métamorphose qu'il s'agit, qui n'est pas sans rappeler la fascinante transmutation du serpent s'extrayant de son ancienne peau, ou encore celle non moins fabuleuse du papillon sortant de la chrysalide et oubliant qu'il a été chenille.

Eveil, renaissance, conscience nouvelle..., autant de termes pour désigner un seul et même processus : l'harmonisation vitale de l'Etre avec ce qu'il est réellement, dans la libération – enfin réalisée – de toutes ses forces créatrices. Ce n'est rien moins que l'accession à une plus grande intelligence, à une plus haute spiritualité. Celle dont les anciens parlaient comme étant le seuil de la fusion avec la Lumière.

Le cycle de la mutation

Tous les exercices liés à l'enseignement du zen procèdent de la même dynamique : ils visent à parvenir à une technique parfaite, grâce à une concentration optimale de l'énergie dans un effort juste.

Chaque fois qu'il gagne en efficacité, en précision, en pureté, l'exercice modifie l'élève, affine sa conscience ; en retour, celle-ci va lui permettre de continuer à peaufiner sa perfection technique. Il s'agit dès lors d'un enchaînement permanent – sorte de *cycle de la mutation* – qui n'aura plus de fin jusqu'à ce que l'homme parvienne à l'*éveil*.

Un entraînement suivi

Les exercices ne prennent leur véritable sens, ne trouvent leur justification réelle que dans la répétition inlassable dont ils doivent être l'objet. C'est d'un entraînement suivi dont il est question, qui exige application et régularité tout autant que rigueur et perfection technique. Pour ce faire, il n'est qu'un mot d'ordre : persévérance.

De l'exercice sans cesse recommencé doit naître l'automatisme, qui seul peut engendrer l'exécution parfaite. Ce n'est qu'à ce prix que l'auteur de l'exercice et l'objet de celui-ci se réunissent en une fusion exprimant l'Etre profond :

L'exercice ne consiste pas seulement à cultiver un talent, il devient un moyen d'acheminer les autres et soi-même vers l'Etre et de le faire devenir forme dans le monde[3].

Quel que soit l'exercice concerné, rien n'importe davantage que la justesse de la pratique. Et, avant elle, la pureté et la précision de la pensée juste, qui doit présider à la mise en œuvre puis à la réalisation de tout acte. L'ensemble de ces paramètres concourt à une focalisation optimale des énergies de l'Etre.

Ici et maintenant

Autre élément fondamental de la pratique du zen, la notion "ici et maintenant". Le recentrage de l'élève dans son Etre essentiel ne peut s'opérer que dans le présent.

Rechercher la pureté et la justesse dans chaque pensée, chaque geste, chaque acte, revient à se concentrer ici et maintenant, hors de toute préoccupation liée au passé ou à l'avenir. Allant jusqu'au bout du désir d'épuration, c'est n'être attentif qu'à notre vécu du moment, tant sur le plan physique qu'aux niveaux intellectuel et spirituel.

Cette notion prend toute son importance et révèle sa véritable profondeur dès lors que l'on songe à l'éternité. Maître Taisen Deshimaru[4] résume parfaitement cette densité dans un ouvrage de référence[5] :

Le Bouddha a expliqué qu'il voulait enseigner l'éternité, mais cette éternité est composée de jours comme celui-ci, donc

3. Karlfried Graf Dürckheim, *op. cit.*

4. Taisen Deshimaru (1914-1982) introduisit le zen en Europe et créa le dojo de Paris en 1972.

5. Taisen Deshimaru, *Vrai Zen*, Le Courrier du Livre, 1969.

la pratique d'un jour de ce programme est le roi du satori. Si nous voulons devenir Bouddha, non après notre mort mais dans cette vie, il suffit de pratiquer, d'appliquer ce programme d'un jour. (...) Enseignement original, il montre que la concentration sur chaque moment de la vie est essentielle et un laïc, en dehors d'un temple, peut aussi l'appliquer dans l'esprit. Si chacun se concentre ainsi sur chaque action quotidienne, qu'il s'agisse du repas, des affaires, ou de conduire une voiture ou de taper une lettre, prendre du repos, jouer ou dormir, il pourra atteindre satori.

Monastère ou dojo : de l'unité vibratoire

Si Taisen Deshimaru – qui fut unanimement reconnu comme un éminent et brillant dispensateur de la pensée zen dans le monde occidental moderne – emploie les termes "laïc" et "temple", c'est parce qu'il existe deux types d'approche pour qui s'intéresse vivement au zen.

Le monastère

La première, classique et traditionnelle, remontant aux premiers temps du bouddhisme, consiste à renoncer à la vie en société, à entrer dans un temple et à vouer son existence à la pratique du zen. Ce choix implique une vie communautaire rigoureuse, où se mêlent rituels, prières et travaux domestiques. L'Association italienne Zen Soto a parfaitement résumé cette vie quotidienne imprégnée de spiritualité dans un excellent ouvrage[6], dont on peut retenir un bref passage :

Il fait encore sombre et tout est silencieux. Le son vibrant d'une cloche qu'une main agite et le martèlement des pieds qui parcourent rapidement les couloirs ébranlent le monastère. Il est quatre heures du matin, c'est l'heure du réveil. Les lits rapi-

6. Association italienne Zen Soto, *Guide pratique du zen*, éd. De Vecchi, 1992.

dement remis en ordre, l'habit revêtu, les hôtes du monastère se dirigent vers les toilettes. La lumière est faible et on entend seulement le bruit de l'eau qui remplit les bassines ; un bâton d'encens brûle devant l'image qui protège le lieu. Manches remontées et rattachées dans le dos, les moines se lavent les dents, le visage et les mains en récitant mentalement des strophes.

Tout de suite après, ils se dirigent vers le sodo (salle de méditation) pour le premier zazen *de la journée. Ils sont tous assis à leur place, parfaitement alignés, tournés vers le mur.*

*Trois coups de cloche (*shijo*) signalent le début du* zazen *qui dure quarante minutes. Seul le* jikido *se déplace silencieusement dans la salle, et de temps en temps le son sec du* kyosaku *rompt ce silence. Du lointain arrive l'écho assourdi de la grande cloche externe –* o bonsho *– qui aide les pratiquants à vaincre le sommeil et les pensées.*

A la fin du zazen, *un chœur de voix rompt le silence ; ce sont les strophes du* kesa *(l'habit), les premières paroles prononcées depuis le moment du réveil. L'habit revêtu, tous se rendent en file vers une autre salle (*hatto, *la salle de l'enseignement) pour l'office du matin.*

*Les cérémonies zen sont essentielles et simples. On s'y prosterne au début et à la fin, on récite en chœur les sutras – les paroles des Bouddha et des Maîtres – avec le bruit de fond d'un gros "tambour" de bois (*mokugyo*) qui rythme la récitation, accompagné par des sons de cloches. Pendant ce temps, l'officiant (*doshi*) monte et remonte à l'autel pour faire brûler de la poudre de bois parfumé et se prosterne au centre de la salle.*

*Appelé à nouveau par un instrument de métal en forme de nuage (*unpan*), on retourne à la salle de méditation pour la collation. La soupe de riz fumante est servie à chacun à sa place dans les bols noirs en bois laqué (*oryoki*).*

Les serviteurs se déplacent rapidement ; celui qui reçoit et celui qui distribue la nourriture s'inclinent l'un vers l'autre.

Là aussi des versets sont récités ; ils se rapportent à la vie du Bouddha. (...)

Un roulement de tambour conclut le repas. Tous vont très

rapidement se changer pour le samu *– le travail de nettoyage. Par petits groupes, ils s'affairent avec une grande rapidité dans les couloirs et les salles, lavant les sols, époussetant, balayant le jardin.*

*A un nouveau signal, on revêt l'habit formel et on s'apprête à un des moments les plus importants de la journée : la première rencontre avec le maître (*chosan*). C'est l'occasion pour le maître de donner le premier enseignement qui est parfois accompagné du service d'un thé ou d'une conférence. Puis, peut-être, un bref moment de repos. Désormais le soleil est haut dans le ciel et le reste de la journée se partagera entre le travail, l'étude et d'autres* zazen, *que séparent les repas, une autre cérémonie dans la soirée et l'heure du bain.*

*A l'occasion de périodes spéciales (*sesshin*), la pratique du* zazen *s'intensifie jusqu'à dix, quinze heures par jour ; toutes les autres activités sont réduites au minimum, afin de permettre de se concentrer seulement sur* zazen. *(...)*

Dans le monastère, les divers moments de la journée sont accompagnés par des sons : la cloche dans le jardin se fait entendre plusieurs fois par jour, un tambour signale les heures, une planche de bois frappée par un maillet dans une succession de coups toujours plus rapprochés termine le zazen, *le métal appelle au repas... Ce sont des sons simples, produits par des instruments élémentaires qui ponctuent la journée avec une sorte de musique. Ils sont la voix du monastère : à un signal donné tous savent tout de suite ce qu'ils doivent faire.*

*Chaque cinquième jour (les 4, 9, 14, 19, 24 et 29) du mois, les moines se rasent deux par deux : c'est un jour de relative liberté (*hosan*) pendant lequel il est possible de laver, coudre, mettre ses affaires en ordre, se soigner mutuellement avec un peu de* shiatsu *(massages traditionnels). (...)*

Dans la communauté, les responsabilités et les fonctions sont bien définies, même si souvent elles se font par roulement ou en alternance. En plus de l'abbé (responsable principal), les personnes les plus importantes sont le chef des cuisines, les administrateurs, les éducateurs et responsables de la moralité, le directeur des travaux.

*Chacun s'occupe de sa fonction comme de la chose la plus importante au monde. Ne pas gaspiller le temps et ne pas faire de gestes inutiles, soigner jusqu'aux plus infimes détails, traiter avec délicatesse les objets et les propriétés communes du monastère, maintenir ordre, discrétion et propreté, s'appliquer avec un esprit malléable et rempli de compassion, sans s'exalter pour de bons résultats et sans se plaindre des insuccès... Ce sont quelques-uns des principes qui inspirent toutes les activités et en particulier le travail (*samu*), l'"œuvre sacrée" rendue manifeste dans le travail quotidien. Le cœur de la pratique demeure le* zazen, *mais chaque geste du matin au soir est considéré et vécu en rapport au* zazen. *Le concept de "temps libre" tel que nous l'entendons n'est même pas pris en considération : même pendant le repos, même en riant ensemble ou en consommant allègrement un repas informel, il n'y a pas distraction des choses de la vie, mais seulement implication complète en elle. Ainsi le soin qu'on met à verser une louche de soupe ne sera pas différent du soin porté à son propre esprit ; le salut échangé en croisant un ami dans le couloir devient la preuve de l'instinct d'amour de l'homme, de son sens inné du respect. (...)*

"Tout moment qui est sans concentration est sans profit, ceci a été écrit par maître Daichi dans la règle pour les monastères. "Chaque instant doit faire l'objet d'une concentration : manger c'est se concentrer sur manger ; et lorsque nous dormons nous sommes concentrés sur le sommeil."

Le dojo

Le dojo est le lieu où tous ceux qui n'ont pas fait vœu de s'abandonner à la voie monastique peuvent pratiquer le zen. Il est ouvert aux laïcs qui souhaitent approcher le zen tout en gardant leur position sociale dans le monde d'aujourd'hui.

Généralement situé au cœur des grandes agglomérations, le dojo est un havre de paix et de silence ; une parenthèse dans le temps et l'espace, dédiée à la méditation et à la plongée en soi.

Les horaires sont habituellement aménagés de telle sorte que les citadins puissent venir méditer avant ou après leur journée de travail, quelquefois même à l'heure du déjeuner. Le dojo est par essence un lieu de rencontre : avec soi-même par le biais de l'enseignement du zen, mais aussi avec un maître qui dispense son savoir, et puis avec d'autres personnes en quête, elles aussi, de la Lumière.

Le dojo est également l'endroit où il est donné de "pratiquer ensemble", de former, le temps d'une simple séance de *zazen* ou d'une *sesshin*, une communauté de corps et d'esprit, de se fondre individuellement dans une dynamique de groupe pour recevoir l'enseignement du zen.

C'est là, sous le regard du maître ou de ses assistants, que l'on peut être initié à la justesse des postures d'éveil, que l'on découvre les rituels inhérents à la pratique du zen, que l'on comprend la nécessité de ces parcours physiques ou spirituels dans l'espace pour parvenir à l'Essentiel :

Si le zen s'adresse à tous sans discriminations, le dojo en est la preuve. Classe sociale, race, sexe, culture, croyance, idéologie n'ont aucune valeur dans un dojo zen. Rien ne différencie les personnes qui s'assoient en zazen, *côte à côte, et aucune des valeurs conventionnelles ne peut leur être appliquée.*

Dans un authentique dojo on ne discute pas à propos du zen, on pratique, et on pratique ensemble ; il est inutile de vouloir être "spécial". Le dojo n'est pas non plus une association, un club, un siège politique, culturel ou religieux. N'y cherchez pas une idéologie neuve avec laquelle colorer votre personnalité, ni un "parasol" derrière lequel vous abriter des problèmes et des contradictions de l'existence. (...)

Dans le dojo vous trouvez des amis, des personnes vraies qui aspirent comme vous à découvrir leur véritable nature au-delà des conventions, des lieux communs, de la feinte cordialité. Etant chaque fois assis à côté de quelqu'un, rencontrant des personnes toujours nouvelles qui proviennent de milieux différents du vôtre, vous amplifiez vos horizons et élargissez vos convictions dans ce monde ! De plus, puisqu'il ne s'agit d'atteindre aucun but, il est plus facile d'accepter d'être ensemble, comme un corps unique qui avance sur la Voie. Il n'y a pas d'"étiquette" qui tienne, il n'y a pas des bons et des mauvais : tous travaillent ensemble pour une "mutuelle prospérité".

Ne pensez pas non plus pouvoir vous reposer en profitant de la force du groupe qui, bien ou mal, vous soutient. Non. Vous devez faire votre part, vous devez la faire à fond et au mieux de vos possibilités, et même au-delà. C'est votre travail qui donne vie au groupe.

C'est justement parce que dans le dojo tous sont égaux (les vêtements sont identiques, noirs habituellement ; tous font les mêmes gestes...) que les différences entre les personnalités apparaissent immédiatement évidentes : chacun a sa beauté qui ne peut être répétée[7].

De même que la vie au monastère est régulée par un certain nombre de règles édictées par d'anciens maîtres, le comportement dans un dojo repose sur une organisation très précise. Depuis la manière de se vêtir, de ranger ses affaires, jusqu'à celle de pénétrer dans l'espace de méditation, de s'asseoir en *zazen*, de corriger sa position, d'accomplir les gestes rituels, d'écouter et d'échanger avec le maître ou son assistant..., tout dans le dojo revêt une signification particulière et procède là encore de la même volonté de vivre l'instant présent – "ici et maintenant" – dans une parfaite harmonie avec ce que l'on est profondément, avec respect pour les autres, pour l'environnement dans lequel on se trouve, et surtout pour la tradition à laquelle on se raccorde.

Que ce soit dans l'enceinte d'un monastère ou l'ambiance feutrée d'un dojo, celui qui pénètre dans le lieu ne peut qu'être sensible à la force vibratoire de l'endroit. Dans un cas comme dans l'autre, c'est non seulement d'une enclave dans l'espace qu'il s'agit, mais aussi d'une atmosphère à nulle autre pareille, chargée et enrichie de toutes les vibrations des prières et de méditations qui nourrissent ces lieux à longueur de temps, contribuant à *régénérer* ceux qui s'y arrêtent sans même se rendre compte qu'ils étaient à la recherche de cette "unité vibratoire".

7. Association italienne Zen Soto, *op. cit.*

Assise et postures d'éveil

Parvenir à l'état d'*éveil* demande non seulement une approche mentale, un travail psychologique et une détermination spirituelle, mais aussi un grand dépouillement sur le plan physique. Les exercices précédemment évoqués vont servir à canaliser les énergies disparates, réunifier la dynamique de l'Etre tout entier, à gommer ce qui est inutile pour ne se concentrer que sur l'essentiel.

La respiration

Bien qu'on en parle peu – car elle n'a rien de spectaculaire –, la respiration est l'un des éléments majeurs de la pratique du zen. On oublie trop souvent qu'il n'est pas de vie sans respiration. *Au commencement est le souffle.*

Dans l'enseignement du zen, respirer consiste à établir un rythme lent, puissant et naturel. Il faut se concentrer sur une expiration longue, à la fois douce et profonde, dans le même temps que l'on s'attache à conserver une posture juste de tout le corps ; alors seulement l'inspiration se fait évidente et naturelle : il n'y a pas à chercher, cela va de soi :

L'air est rejeté lentement et silencieusement, tandis que la poussée due à l'expiration descend puissamment dans le ventre. On "pousse sur les intestins", provoquant ainsi un salutaire massage des organes internes. Les maîtres comparent le souffle zen au mugissement de la vache ou à l'expiration du bébé qui crie aussitôt né. Ce souffle, c'est le "om", la semence, c'est le pneuma, source de vie[8].

La justesse du souffle est déterminante à la fois pour une pratique optimale des exercices du zen et pour la vie en général. Ne dit-on pas : "Qui a du souffle vit longtemps, intensément, paisiblement" ? Force est de reconnaître que le souffle juste a une incidence évidente sur la neutralisation

8. Taisen Deshimaru, *Za-zen, la pratique du zen*, Seghers, 1974.

des chocs nerveux, la maîtrise des instincts comme des passions, et plus largement sur le contrôle général de l'activité mentale.

Une bonne respiration oxygène le sang, fluidifie la circulation cérébrale, détend le système nerveux, décuple la concentration, facilite la réceptivité et l'attention, libère le noyau interne de ce que l'on appelle le "cerveau primitif"..., en un mot, reconnecte l'homme à la source profonde de la vie qui est en lui, le remettant sur la voie de la pleine conscience, qui fait dire qu'il *pense désormais comme il respire, à travers chacune des cellules de son corps.*

Zazen

Depuis de nombreux siècles il est clair que la pratique de *zazen* est l'essence même et le secret du zen. C'est la posture la plus propice au recueillement, la plus efficace pour qui souhaite travailler à l'élargissement de sa conscience et au développement de son intuition. C'est pourquoi on qualifie *zazen* de "posture d'éveil".

Contrairement à ce que l'on pense généralement, il ne s'agit pas uniquement d'une assise dans l'attitude juste ; c'est aussi, surtout, derrière la façade d'une immobilité physique totale, une descente au plus profond de soi-même. C'est accéder à la paix et à la sérénité par l'abandon de tout.

Car la particularité de *zazen* est de n'avoir aucun but, aucun objet, d'être libéré de toute image et de toute pensée. *Zazen* n'est que concentration sur la posture, la respiration et l'attitude libérée de l'esprit.

La pratique de *zazen* n'est réellement efficace que dans un contexte très précis : dans l'enceinte d'un monastère ou d'un dojo, sous la direction d'un maître capable de corriger la posture et d'aider le disciple à parfaire son attitude. Le *kyosaku*[9], ou "épée de la sagesse", est l'instrument de cette correction

9. *Kyosaku* : *kyo* signifie "attention", et *saku* veut dire "bâton".

permanente de la justesse de *zazen*. Un responsable, nommé *jikido*, parcourt en effet en permanence le périmètre du dojo afin de vérifier que les pratiquants sont dans la position correcte. Quand il remarque une faiblesse, une défaillance ou un relâchement – qui sont autant de signes d'un esprit qui vagabonde – le *jikido* prévient l'élève et administre un coup sur l'épaule droite de celui-ci, l'aidant ainsi à retrouver instantanément sa concentration.

Il existe des dizaines, voire des centaines de définitions de *zazen*, mais aucune ne décrit la réalité et le sens de cette posture mieux que les quelques notes que maître Kodo Sawaki[10] donna à Taisen Deshimaru, un jour de 1932, où il l'accepta comme disciple, et sur lesquelles on pourra longuement méditer.

Za zen, c'est appréhender quelque chose de l'esprit du Bouddha, par l'expérience.

Za zen, c'est changer radicalement notre propre esprit.

Za zen est une révolution fondamentale de notre vie.

Za zen, c'est renaître, c'est découvrir une vie nouvelle.

Za zen, c'est passer sous un arc de triomphe. C'est la plus grande victoire de notre vie.

Le vrai zen est la grande porte pour pénétrer le secret du bouddhisme. Et za zen est lui-même le secret et l'essence du bouddhisme.

Za zen est lui-même le satori (l'éveil). Le satori n'est que la pratique du za zen.

Za zen n'est ni l'austérité, ni la mortification. C'est le véritable accès au bonheur, à la paix, à la liberté.

Za zen, c'est la re-création de soi-même, et c'est la compréhension du vrai soi.

Za zen n'est ni un raisonnement, ni une théorie, ni une idée. Ce n'est pas une connaissance à saisir par le cerveau, c'est uniquement une pratique.

Za zen n'est pas un "jeu" dialectique, ni un concept philosophique.

10. Maître Kodo Sawaki : 1880-1965.

Za zen, c'est la suprême sagesse. C'est trouver la vraie liberté de notre esprit.

Za zen, c'est la percée de l'homme allant vers l'ultime et sa possibilité d'expérimenter la réponse de l'ultime.

Za zen, c'est la transmission du véritable esprit du maître au disciple. C'est une transmission directe, une communication immédiate d'esprit à esprit, d'être à être.

Za zen, c'est l'abandon de tout notre moi. C'est l'oubli de notre moi. C'est le total renoncement à ce moi. Car nous ne pouvons trouver tout qu'en abandonnant tout.

Za zen, c'est se fondre avec tout l'univers[11].

Voilà pour l'esprit de *zazen*. Quant à la technique, chaque maître y est allé de ses explications, auxquelles on pourra se référer dans les nombreux ouvrages de qualité parus sur le sujet. Nous nous contenterons pour notre part de celle donnée par maître Dogen, citée précédemment[12].

La marche

Il existe dans le zen plusieurs postures d'éveil. Si *zazen* est incontestablement la plus utilisée, d'autres attitudes fondamentales sont mises en pratique, notamment pour alterner avec *zazen*. C'est le cas de la posture debout et en marche, appelée *kin-hin*[13].

Cette attitude permet de pratiquer la méditation en mouvement. Elle consiste à se placer avec d'autres disciples dans une file qui tourne dans le sens des aiguilles d'une montre. Chacun marche lentement, tranquillement, selon un parcours établi. Il s'agit d'une progression rythmée, alternant en permanence tension et détente. A l'image de *zazen*, c'est également une méthode qui permet une concentration d'une très grande qua-

11. Taisen Deshimaru, *Vrai Zen*, *op. cit.*

12. Voir chapitre 5, page 70.

13. *Kin-hin* : *kin* signifie "dans le sens de la longueur", et *hin* veut dire "aller, avancer".

lité. C'est pourquoi, lors d'une journée de *sesshin*[14], on alterne généralement les deux postures.

Pour ce qui est de sa mise en pratique, maître Taisen Deshimaru en fait avec une rigueur épurée une description des plus explicites :

On se tient debout, la colonne vertébrale bien droite, le menton rentré, la nuque tendue, le regard posé à trois mètres devant soi, c'est-à-dire à peu près à la hauteur de la taille de la personne qui précède lorsqu'on est en file indienne. Le pouce gauche est serré dans le poing gauche, lequel est posé par la tranche sur le plexus solaire. La main droite enveloppe le poing gauche et les deux mains sont fortement serrées ensemble et appuyées contre le sternum pendant l'expiration. Les coudes sont écartés, et les avant-bras tenus à l'horizontale ; les épaules relâchées et rejetées en arrière. Au début de l'expiration, on avance avec la jambe droite d'un demi-pied, et l'on appuie énergiquement sur le sol avec la plante du pied, précisément avec la racine du gros orteil, comme si l'on voulait imprimer une trace dans le sol. Il y a une profonde correspondance entre cette extrémité du pied et le cerveau. Il est bon de ressentir le contact avec la terre. Le genou étant bien tendu, la jambe est alors en tension ainsi que tout le côté droit depuis le sommet de la tête jusqu'au bout du pied. L'autre jambe, l'autre côté restent souples, détendus. En même temps, l'expiration par le nez est profonde, lente, aussi longue que possible, mais sans forcer et sans bruit. Quand elle arrive à la fin, on marque un temps d'arrêt, on relâche tout le corps et l'inspiration se fait d'elle-même, automatiquement, librement. Au début de l'expiration suivante, on change de jambe, et tout le processus recommence en prenant appui sur le pied gauche, la jambe droite restant souple. (...) Pendant cette marche, on ne doit pas regarder le visage des autres personnes. Le regard est tourné vers l'intérieur comme si l'on était seul avec soi-même. Comme pendant le zazen, *on laisse passer les pensées*[15].

14. *Sesshin* : période de retraite, le plus souvent dans un monastère.

15. Taisen Deshimaru, *Za-zen, la pratique du zen*, *op. cit.*

Le geste

Il est une autre attitude significative et propre à l'enseignement du zen, que l'on nomme l'"esprit du geste", ou *zanshin*[16]. Il s'agit, textuellement, de l'*esprit qui demeure, sans s'attacher, l'esprit qui reste vigilant.*

Cela consiste à être conscient de l'action en cours tout en restant attentif à ce qui surviendra dans l'instant suivant. *Zanshin* est un entraînement de l'esprit à la concentration dans les gestes.

L'intérêt majeur de cette attitude d'éveil réside dans le fait qu'elle peut être mise en pratique à tout moment de la vie quotidienne, dans l'acte le plus commun et le plus anodin, tel qu'ouvrir une porte, prendre un repas, se saisir d'un objet, porter un sac ou conduire sa voiture. Dans tous les cas, il est essentiel de rester concentré sur ce que l'on fait, de maintenir un flux d'énergie maximal dans l'acte en cours d'accomplissement, mais en restant prêt à tout imprévu qui pourrait nécessiter une implication immédiate.

Zanshin est une application du zen particulièrement enrichissante, dans le sens où elle concerne tout acte de la vie d'un homme.

Satori : l'éveil

Lorsque d'innombrables fois l'élève a appliqué scrupuleusement les multiples règles de la pratique du zen, alors vient l'"éveil", ou *satori*.

Le *satori* ne peut s'apprendre ou se transmettre : il ne peut que se vivre. Il est au-delà de toute définition par le langage, ou d'une classification par une quelconque méthode de pensée. Il ne ressemble à rien de ce que l'individu connaît habituellement. Et, pourtant, il marque le simple retour de l'Etre à sa condition initiale, à son origine la plus essentielle.

16. *Zanshin* : mot utilisé dans l'art du combat au sabre, signifiant "prêter attention à l'adversaire".

Le *satori* est une expérience que personne ne peut faire à notre place. Même le maître le plus expérimenté n'a pas le pouvoir de nous le transmettre ; il ne peut jamais que servir de guide, nous aider à parvenir dans un état de conscience où l'*éveil* deviendra possible.

Le *satori* est le vide total (*ku*). C'est la vacuité soudain révélée de notre existence : *La forme n'est pas différente du vide, et le vide n'est autre que la forme*[17].

C'est pourquoi la pratique de *zazen* est en soi le *satori*.

La pratique est l'éveil,
et l'éveil n'est autre que la pratique.

17. *Sutra Hannya Shingyo.*

9.

Zen et vie quotidienne

Si on garde à l'esprit l'idée que la mort peut survenir dans l'instant,
nous pouvons sentir la fugacité du temps,
et ne pas passer notre vie vainement.
Ainsi pouvons-nous faire de chaque instant un moment plein,
en accomplissant la chose importante de cet instant,
sans rien remettre au lendemain.

Evelyn de Smedt

Un jour après un jour. Telle est la réalité à laquelle est confronté l'homme en permanence. Dans cette succession infinie des jours et des nuits s'inscrit la répétitivité des pensées et des actions qui ancrent son vécu dans le réel.

Depuis les repères horaires jusqu'aux activités similaires, tout concourt à faire de l'existence une longue suite d'actes maintes fois reproduits, comme autant de passages dans les mêmes sillons, traçant avec insistance les contours d'une trajectoire humaine.

Le zen, avec la rigueur de ses gestes précis et de ses rituels immuables depuis tant de siècles, n'échappe pas à la règle. A la différence près que sa pratique quotidienne, bien loin d'entretenir une monotonie gorgée de passivité, va peu à peu ramener l'individu à une perception – de chaque instant comme de la moindre expression – ravivée à la lueur d'une conscience nouvelle.

Car la pratique du zen – pour qui n'a pas fait vœu d'être moine – trouve sa réelle dimension non pas dans l'enceinte du dojo, au cœur de ce lieu réservé à la méditation la plus épurée, mais bien dans la vie de tous les jours : dans ses multiples applications au quotidien immédiat, dans le contexte même de cette société qui nous sert à la fois de cadre de vie et de terrain d'expériences.

Et c'est là, sans conteste, par la véritable régénération qu'il suscite, que le zen révèle sa force profonde et sa dimension véritable. C'est là qu'il apporte le plus de réponses aux interrogations et aux incertitudes existentielles du monde moderne, qu'il s'offre comme moyen de transcender chaque instant de vie en un morceau d'éternité.

Ce que réalise le zen n'est alors rien moins que *transformer globablement le quotidien en exercice*. Que l'on soit chez soi, au travail, en déplacement, seul ou en groupe, actif ou passif, chaque moment, chaque activité, chaque occupation devient ainsi le prétexte à mettre en œuvre les préceptes du zen. La vie elle-même devient zen.

Retour à une "dynamique du vécu"

A y regarder de plus près, nous passons notre temps à mettre en forme des pensées, à nourrir des idées, à accomplir des actes, qui tous viennent s'encastrer dans notre vécu – telles les pièces d'un puzzle – en fonction de notre conception de la réalité, de ce que nous pensons être l'idéal. Notre objectif inavoué est de nous réaliser pleinement, d'aller jusqu'au bout de la vérité dans notre vie quotidienne.

Seulement voilà, la sagesse orientale du bouddhisme nous enseigne que rien ne dure, que tout est *impermanence*, qu'il n'est rien qui nc soit changement perpétuel. Chaque être, chaque chose est différent(e) d'un instant à l'autre. Comment, dès lors, espérer accéder à la vérité à tout moment ?

Dans sa lumineuse épuration, le zen nous apporte le plus simplement du monde la réponse à cette interrogation cruciale : la voie de la réalisation juste est la même que celle qui préside à l'éveil, c'est celle de la concentration, ici et maintenant.

La concentration sur l'acte en cours, qui, par le biais d'une observation juste, nous replace dans une *dynamique du vécu* et donne tout son sens, toute sa force à la Vie dans sa seule expression véritablement essentielle : le présent.

La concentration comme mode de vie

Avant toute chose, il est important d'être clair quant à ce qu'on nomme "concentration". Il faut, en la matière, dissocier la pratique de *zazen* dans le dojo et la vie quotidienne telle qu'elle est vécue hors de ce lieu de méditation.

A l'extérieur, rituels et postures d'éveil disparaissent – encore que l'on puisse pratiquer *zazen* chez soi ou dans n'importe quel endroit – même si l'esprit zen demeure dans la moindre pensée comme dans le plus petit acte. Et c'est justement cette forme de pensée, forgée aux idéaux du zen, qui va peu à peu imprimer sa marque, "déteindre" sur nos faits et gestes de la vie courante.

C'est sans doute là que réside la grande force du zen : dans le fait qu'il se révèle plus comme une philosophie de la vie, d'essence spirituelle, immédiatement applicable de la plus concrète des manières, que comme une approche strictement religieuse, traditionnellement engoncée dans un dogme étriqué ne proposant que des réponses théoriques souvent peu en rapport avec le quotidien le plus immédiat.

Le zen n'a de sens que s'il imprègne la vie jusque dans ses expressions les plus infimes, que si on l'intègre tellement en soi qu'il sort du dojo avec nous, pour ensuite régénérer chaque parcelle de notre conscience et illuminer nos pensées comme chacun de nos actes.

La concentration est l'instrument de cette mutation, le catalyseur raccordant enfin notre Etre le plus profond à notre vécu, aussi bien dans l'intimité secrète de notre esprit que dans l'affirmation de notre rôle social. Et avec elle l'observation, qui à tout moment nous aidera à déterminer la valeur de notre comportement. Car c'est finalement notre comportement dans son ensemble qui va être sensibilisé par le zen.

L'examen de nos actions

Selon le schéma bouddhiste, le comportement englobe **toutes les actions observables du corps et de la parole,** lesquelles sont répertoriées en six groupes d'attitudes fondamentales :

– l'action d'aller : se mouvoir, marcher, circuler ;
– l'action de se tenir debout, de stationner ;
– l'action de s'asseoir et être assis ;
– l'action de s'allonger et être allongé ;
– l'action de travailler ;
– l'action de parler.

Pour qui souhaite appliquer le zen dans sa vie quotidienne, quelle que soit l'action entreprise, la démarche doit être toujours la même – incluant observation et concentration avec une identique rigueur – et fait de chaque action une expérience, un exercice.

Dans un premier temps, gardant à l'esprit le principe fondamental du zen selon lequel toute existence, toute personne, tout acte est *ku* (rien, vide total), la conscience doit examiner la raison pour laquelle on souhaite entreprendre cette action.

Grâce à un temps de recul qu'il est indispensable de s'accorder, un rapide examen des mobiles et motifs profonds doit déterminer si le but recherché est aussi juste et bon, nécessaire et indispensable qu'il y paraît de prime abord. Si la réponse est positive, l'action sera entreprise ; dans le cas contraire, on devra y renoncer.

L'examen de nos sensations

Il va de soi que ce qui s'applique au niveau des actes doit également entrer en vigueur dans le domaine des sens. C'est d'autant plus essentiel que nos sens sont les instruments au travers desquels nous acquérons une conscience du monde qui nous entoure. Par voie de conséquence, ils conditionnent – pour une part non négligeable – nos actes et notre karma.

Dans l'optique du zen, le *Sutra du Hannya Shingyo* définit six domaines des sens, classifiés en trois ensembles, distincts mais néanmoins complémentaires, qui sont à l'origine de toute perception. Ils sont répartis comme suit[1] :

– les organes des sens : l'organe de la vue *(gen)* ; les oreilles *(ni)* ; le nez *(bi)* ; la langue et le palais *(ze)* ; le corps, assimilé au toucher *(shin)* ; le système nerveux, dans sa partie liée aux désirs et formations mentales *(i)* ;

– les objets de la perception : les couleurs et les formes *(shiki)* ; les sons *(sho)* ; les odeurs *(ko)* ; les goûts *(mi)* ; les aspects (déterminés par le toucher) *(soku) ;* les pensées et conceptualisations *(ho)*.

Ces deux ensembles s'interpénètrent pour donner naissance à un troisième, le domaine de la perception et de la connaissance, qui regroupe cinq formes spécifiques de conscience : la conscience visuelle *(gen shiki)* ; la conscience auditive *(ni shiki)* ; la conscience olfactive *(bi shiki)* ; la conscience tactile *(ze shiki)* ; la conscience de la conscience (de l'action volontaire du corps, de la pensée, de la parole) *(i shiki)*.

En fin de compte, cette approche revient à appliquer dans les six domaines des sens que sont le visuel, l'auditif, l'olfactif, le gustatif, le tactile et la conscience, le même processus d'observation et de concentration que pour les actions.

Le bénéfice à en tirer consiste à ne pas se laisser influencer par les émotions et perceptions superficielles qui sensibilisent nos sens à chaque instant, mais à voir et vivre en toute sensation sa réalité profonde ; là encore, il faut prendre du recul, écarter le moindre sentiment d'attirance ou de rejet – ne jamais oublier la vacuité de toute sensation *(ku)* – pour parvenir à l'essence véritable de chaque sensation.

A ce prix seulement il est possible d'atteindre la plus grande justesse et la plus profonde sérénité dans l'expression des sens.

1. D'après Taisen Deshimaru, *Zen et Vie quotidienne*, éd. Retz, 1978.

Le zen et la maladie

On peut difficilement évoquer la manière de vivre le zen au quotidien, cerner le plus justement son impact et ses multiples apports, sans s'arrêter un instant aux effets qu'il produit sur la maladie.

En premier lieu, il est essentiel de savoir que l'Occident et l'Orient s'opposent totalement dans leur définition de la maladie et du rôle attribué à la médecine.

La conception occidentale considère la maladie comme une dégradation des conditions physiologiques ou psychiques, des facultés mentales et plus largement des capacités comportementales. Le problème qui survient est généralement associé à une souffrance, que le praticien occidental analyse en identifiant des symptômes, d'après lesquels est préconisé un traitement thérapeutique, dans la plupart des cas très localisé.

La conception orientale, quant à elle, définit la maladie comme intervenant dans la totalité de l'individu et non dans un secteur très localisé : il s'agit d'une atteinte à l'équilibre global de l'être. Ce dernier est considéré comme un tout résultant de la combinaison savante d'un nombre élevé de paramètres tous liés entre eux et étroitement interdépendants. Qu'une partie, même la plus infime, de ce tout soit atteinte, et c'est l'ensemble que l'on va considérer comme “malade”. Le praticien prend alors en compte non seulement les symptômes locaux mais également une foule d'autres données, plus subtiles, relatives aux conditions physiques et mentales du patient, aux forces extérieures ou intérieures ayant pu influer sur son équilibre, sans oublier des paramètres énergétiques et culturels. Ainsi que le précise fort bien Taisen Deshimaru[2] :

Il ne peut en être autrement pour un esprit oriental, qui voit dans la maladie le résultat de facteurs divers, relevant autant du domaine physiologique que spirituel, et dont le diagnostic fait souvent appel à des notions philosophiques. A une forme de pensée synthétique et intuitive, qui part d'une conception uni-

2. Taisen Deshimaru, *Zen et Vie quotidienne*, *op. cit.*

taire et infinie de l'univers, correspond nécessairement une approche similaire des phénomènes (...) l'état pathologique, en effet, n'est pas seulement la manifestation d'un dérèglement organique ou fonctionnel de telle ou telle partie du corps à la suite de l'"attaque d'un élément extérieur toxique", mais l'état pathologique devient l'expression exacte et le revers karmique des bonnos *(des passions et des désirs). La non-observance des attitudes justes de la concentration et de l'observation – attitude ignorante de l'ego en rupture avec l'harmonie cosmique et l'ordre unitaire de l'univers – conduit sinon à la maladie au sens propre du terme, du moins au trouble et à la souffrance.*

On comprend aisément qu'une telle différence dans la conception même de la maladie puisse entraîner des remèdes tout aussi éloignés. Alors que l'Occidental traite le terrain jugé déficient, l'Oriental va s'ingénier à rééquilibrer l'énergie, l'esprit, la volonté..., car ce sont eux qu'il juge malades.

Une fois mise en lumière cette perspective orientale de la maladie, on saisit plus clairement le rôle que peut jouer le zen du point de vue de la santé. En effet, de par sa fonction originelle éminemment régénérante – retour à l'essentiel, à la pureté, à l'équilibre, élimination du superflu, repositionnement dans l'ordre cosmique primordial... – le zen s'inscrit d'emblée comme un "facteur thérapeutique" idéal, particulièrement apte à "gommer" tout ce qui pose problème.

De fait, la pratique de *zazen*, liée à une connaissance des fondements de la médecine et de la philosophie extrême-orientale (yin et yang ; cinq éléments : bois, feu, terre, métal, eau), permet d'identifier les causes des maladies, par le développement accru de la sensibilité qui cerne, localise, perçoit les maux. Elle contribue également, de la plus concrète des manières, à en faire disparaître les effets grâce au pouvoir considérable de la concentration, qui, en plus des remèdes pratiques, s'infiltre dans la moindre cellule et génère à terme le rétablissement de l'équilibre global :

Zazen joue le rôle de catalyseur et de révélateur, le mal est dévoilé avant qu'il ait atteint le seuil plus grave de la maladie. La guérison s'opère alors au moyen de la concentration, qui doit être soutenue sur le point douloureux. La concentration doit être prolongée jusqu'à extinction de la douleur, ce qui signifie que l'équilibre énergétique a été rétabli et que la maladie virtuelle est par conséquent maîtrisée. (...) Ainsi, la force de la concentration exerce son pouvoir dans la régénération de l'énergie vivante, vivifiante, cosmique qui parcourt l'être humain. Par l'ouverture qui s'opère au moyen du silence, la force cosmique essentielle et pure investit l'être dans sa totalité[3].

Le zen et le karma

Cette capacité à gérer de façon quasi autonome l'équilibre physique et mental au quotidien, jour après jour, *ici et maintenant*, n'est pas sans rapport avec la notion plus complexe de karma. Toutes deux ont en commun la particularité de déterminer le devenir de l'homme.

Après en avoir maintes fois évoqué l'importance, à présent que le moment est venu de considérer le zen dans son impact global sur une trajectoire humaine, le karma prend inévitablement toute sa dimension.

Toute action est la réalisation du karma passé et engendre le karma futur, telle pourrait être synthétiquement la définition du karma et du rôle essentiel qu'il joue dans notre présent.

Le zen propose en effet de vivre *ici et maintenant* dans une unité de temps consacrant l'immédiat comme seule réalité. Il n'empêche – et personne ne peut sérieusement le nier – que les pensées et les actes du passé (lointain ou récent) ont une influence considérable sur nos pulsions, nos sensations et nos décisions du moment.

Ce qu'ajoute la conception orientale à notre mode de pensée occidental, c'est le "rapport de cause à effet", la rétribution positive ou négative donnée à chacun de nos actes et de nos pensées. C'est pourquoi l'on parle de "bon karma" et de "mauvais karma". Dans les deux cas, son effet a une incidence réelle

3. Taisen Deshimaru, *op. cit.*

sur le présent, mais il peut également en avoir une non négligeable sur le futur.

Selon ce concept, notre trajectoire présente, ce que nous faisons actuellement de notre vie – de même que notre santé – dépend en totalité de nos actes passés, de ce qui a été "ensemencé" hier. Quel enseignement en tirer ? Simplement que demain – qui s'avère être la préoccupation de nombre d'hommes, spécialement en Occident – dépendra de ce que nous pensons et mettons en place aujourd'hui.

C'est là que le zen peut jouer un rôle essentiel. En pratiquant *zazen* assidûment, on développe une hypersensibilité qui aide à percevoir, d'abord de façon embryonnaire puis de plus en plus clairement, la nature profonde et les différents aspects de notre karma. Cette compréhension a tous les aspects d'une révélation et nous ouvre soudain une nouvelle perspective : en voyant et en comprenant le pourquoi des choses, des pensées et des actes qui sont les nôtres, en identifiant l'origine karmique – parfois lointaine – de nos choix, on "comprend"..., et comprendre, dévoiler les racines au grand jour, c'est d'une certaine manière en assumer la responsabilité et en quelque sorte faire acte de confession.

Dès lors, *zazen* "produit" du karma positif, lequel ne pourra engendrer, jour après jour – *présent après présent* – que de bonnes choses pour l'avenir. A terme, cette dynamique positive s'intégrera, s'unira avec l'énergie cosmique, réalisant la fusion primordiale qui donne sa réelle élévation à toute existence.

Le zen et la destinée : un nouveau sens donné à la vie

Souhaiter épurer sa trajectoire des scories du superficiel, mentionner le karma et faire appel au zen conduisent immanquablement à penser à sa propre destinée. Autrement dit, à examiner quel sens on donne à sa vie.

Le propos du zen n'est rien de moins que de nous aider à "enclencher" le raccordement de notre existence personnelle à l'ordre cosmique. C'est désormais là, dans ce contexte sans limites, hors du temps et de l'espace tels que nous les avons définis sur notre planète pour de simples raisons de commodité, que va se dérouler notre vécu.

Et le premier bienfait du zen est sans doute de nous révéler que, malgré une part non négligeable de libre arbitre, nous ne sommes qu'une infime partie d'un "tout cosmique" auquel nous appartenons, qui nous entraîne dans sa dynamique et son évolution.

C'est de cette relation très étroite – qu'il ne faudrait jamais oublier ni occulter – que naît en réalité le karma, de notre intégration plus ou moins harmonieuse dans ce tout duquel nous procédons.

La pratique assidue de *zazen* devient alors génératrice d'une immense énergie *(ki)*, laquelle confère à son détenteur une force considérable, tant spirituelle que matérielle, alliée à une maîtrise et à une sagesse hors du commun.

A travers zazen, *nous pouvons observer très profondément nos passions, nos émotions, notre karma, notre destinée. L'esprit de* zazen, *la conscience* hishiryo, *est comme un miroir*[4].

Dans la plupart des cas, la rencontre avec le zen et la pratique de *zazen* constitue un tel renouveau dans le vécu quotidien que l'on peut réellement parler d'un autre sens donné à l'existence. Comment pourrait-il en être autrement dès lors que l'on ouvre les yeux, que l'on touche à l'Essentiel ? Car c'est bien d'un réveil dont il s'agit, d'un *éveil*.

Sous les restes de nos anciennes conceptions, c'est une nouvelle conscience qui surgit, faisant du karma une loi naturelle et de *zazen* notre "instrument de raccordement" à l'ordre universel. Au-delà des sensations et pulsions superficielles de notre petit ego, c'est un autre monde – "le" monde – qui s'offre à nous.

Et là, brusquement, nous réalisons le sens véritable de notre existence. Qui, pour s'affirmer pleinement, n'a d'autre choix

4. Taisen Deshimaru, *Za-zen, la pratique du zen*, Seghers, 1974.

que d'emprunter la Voie de Lumière : celle du non-attachement, du dépassement de la matière.

Ce n'est en réalité que la rencontre tant espérée avec la liberté, qui n'est autre que l'ouverture totale de la conscience à l'ordre cosmique. Alors seulement la sagesse s'élève dans notre esprit. Par-delà le temps et l'espace, la liberté devient une fascinante expérience mystique :

L'ascétisme est une méthode qui permet de trouver clairement l'esprit éternel en coupant les bonnos *du corps. On fait briller clairement l'âme seule, en coupant tous les obstacles physiques*[5].

Le sens de l'existence apparaît enfin dans sa lumineuse clarté : atteindre la condition du Nirvâna vivant, en rétablissant la communication avec la puissance cosmique fondamentale.

5. Taisen Deshimaru, *op. cit.*

Conclusion

La boucle est bouclée. Sans même que nous nous en soyons rendu compte, portés par ce courant régénérateur qu'est le zen, nous avons atteint la fin du chemin. Lorsque l'on rejoint l'Essentiel dans sa dimension la plus cosmique, tout est dit. Là se termine le voyage.

Ou, plutôt, c'est alors que tout commence. Car désormais rien ne sera plus comme avant. C'est une autre existence qui prend le pas sur celle empreinte de matérialité que nous assumions jusqu'alors. Une vie qu'illumine une conscience décuplée de tous les instants.

Il fallait accomplir ce voyage dans le temps et l'espace, s'investir dans cette quête intemporelle, remonter la piste jusqu'aux sources de la spiritualité orientale, pour lever le voile sur une forme de pensée hautement éthérée à force d'épuration, et comprendre enfin le sens de la vie.

Et c'est bien l'apport majeur du zen que de nous ouvrir les yeux et l'esprit sur notre véritable dimension, de nous conduire – de nous "porter" – au-delà de ce que nous croyions être notre trajectoire. Le zen nous révèle à nous-même, dépasse l'apparence pour atteindre l'essence de notre être le plus profond.

Loin d'être l'énième expression d'un orientalisme obscur, ou un simple phénomène de mode aux relents d'exotisme, le zen se fait message de liberté. On le croyait inaccessible aux Occidentaux que nous sommes, il se révèle parler la même langue que nous ; on le pensait axé sur une autre culture, il ne dévoile que des principes qui nous sont connus.

Mieux : le zen n'a rien à vendre mais tout à donner. En prônant la révélation – l'élévation – par l'expérience, il ne fait que remettre la possibilité d'accéder à la vérité, à la liberté, à la Lumière, dans les mains de chacun de nous. Le zen entrouvre une porte, mais personne, fût-ce le plus grand des maîtres, n'en franchit le seuil à notre place. La méditation pure reste l'affaire de chacun ; c'est une activité, une dynamique, une forme de pensée trop intimes pour que nous laissions qui que ce soit jouer ce rôle à notre place.

Parce qu'il est réellement une philosophie de la vie, qu'il se veut résolument ancré dans le vécu de l'individu jusqu'à l'épurer au maximum, parce qu'il traite directement de la force cosmique qui génère toute chose, par bien des aspects le zen surpasse la religion. Il peut tout donner à chaque homme, sans exiger pour autant le rattachement à un dogme.

Le zen est purification. Le zen est silence. Le zen est profondeur. Autant de valeurs fondamentales, mais aussi d'éléments concrets qui semblent aujourd'hui parmi les seuls à pouvoir aider l'homme moderne non seulement à mieux vivre dans le monde qu'il a créé – à endiguer ses incertitudes et à résorber ses angoisses existentielles –, mais aussi, plus prosaïquement, à sauver sa civilisation.

Il a le mérite de remettre l'homme face à lui-même, en posant la seule question qui compte vraiment :

Voilà ta vie subordonnée à la matérialité, avec ses peurs, ses doutes et ses limites... Et voilà ce que pourrait être ton existence en plein accord avec l'universel : quel est ton choix ?

Bibliographie

ASSOCIATION ITALIENNE ZEN SOTO, *Guide pratique du zen*, De Vecchi, 1992.

TAISEN DESHIMARU, *Vrai zen,* Le Courrier du Livre, 1969.

TAISEN DESHIMARU, *Za-zen, la pratique du zen,* Seghers, 1974.

TAISEN DESHIMARU, *Zen et Vie quotidienne,* Albin Michel (collection "Spiritualités vivantes"), 1978.

KARLFRIED GRAF DÜRCKHEIM, *Le Zen et Nous*, Le Courrier du Livre, 1976.

KARLFRIED GRAF DÜRCKHEIM, *Le Japon et la Culture du silence*, Le Courrier du Livre, 1985.

Dr IKEMI et TAISEN DESHIMARU, *Zen et Self-control,* Retz, 1985.

THOMAS HOOVER, *L'Expérience du zen,* Albin Michel, 1989.

Table des matières

Avant-propos .... page 5

Introduction .... » 7

PREMIÈRE PARTIE : DÉFINITION

1. LE CONTEXTE HISTORIQUE .... » 11
   Etat des lieux : de l'univers selon le tao… .... » 12
   … aux influences du bouddhisme .... » 15

2. AUX SOURCES DU ZEN .... » 21
   Bodhidharma : l'empreinte d'un précurseur .... » 22
   Huike : premier maître chinois du Chan .... » 27
   La longue "chaîne" des patriarches .... » 29
   De l'éveil graduel à l'éveil subit .... » 32
   Quand le Sud prend le pas sur le Nord .... » 34
   Hui-neng, père du zen moderne .... » 37

DEUXIÈME PARTIE : LA DOCTRINE

3. LA NAISSANCE D'UNE FORME D'ESPRIT
   ET D'UNE MANIÈRE DE VIVRE .... » 45
   L'éveil, condition active et partie naturelle de la vie » 46

Règles monastiques et préparation
mentale à l'éveil .... page 47
– Les arcanes de la vie monastique .... » 48
– Les fondements théoriques de l'"éveil subit" . » 49

4. ÉVOLUTION ET SECTARISME .... » 53
De l'"âge d'or" du Chan... .... » 53
... aux persécutions impériales .... » 54
La multiplication des écoles du Chan .... » 55
– Cinq orientations majeures
sur le chemin de l'éveil .... » 56
– De la secte Lin Tsi...
à la naissance du zen Rinzaï .... » 57
– De la secte Ts'oa-tong...
à la naissance du zen Soto .... » 60

5. L'ACCESSION À LA MATURITÉ .... » 63
Le zen entre au Japon .... » 64
Eisai : le premier "éveillé" japonais .... » 66
Dogen : le véritable fondateur du zen au Japon .... » 68

TROISIÈME PARTIE : L'IMPACT DU ZEN

6. LE ZEN, ENTRE ORIENT ET OCCIDENT .... » 77
La révolution du silence .... » 78
Une culture essentielle à l'homme .... » 80
Dans une faille de la pensée occidentale .... » 81
Dépasser la conscience objective .... » 82
En finir avec la dépersonnalisation .... » 84

7. L'ENSEIGNEMENT DU ZEN .... » 87
Des pièges du langage à l'éloquence du silence... » 89
... Jusqu'à l'ouverture de l'œil intérieur .... » 89
Enseigner par l'expérience .... » 91
Le rapport maître-élève .... » 92
Les "instruments" d'un enseignement épuré .... » 94

8. LA PRATIQUE DU ZEN .... page 97
Exercices zen : une gamme complète .... » 98
Vers une autre conscience… .... » 99
Le cycle de la mutation .... » 100
– Un entraînement suivi .... » 100
– Ici et maintenant .... » 101
Monastère ou dojo : de l'unité vibratoire .... » 102
– Le monastère .... » 102
– Le dojo .... » 105
Assise et postures d'éveil .... » 108
– La respiration .... » 108
– Zazen .... » 109
– La marche .... » 111
– Le geste .... » 113
Satori : l'éveil .... » 113

9. ZEN ET VIE QUOTIDIENNE .... » 115
Retour à une "dynamique du vécu" .... » 116
La concentration comme mode de vie .... » 117
– L'examen de nos actions .... » 118
– L'examen de nos sensations .... » 118
Le zen et la maladie .... » 120
Le zen et le karma .... » 122
Le zen et la destinée :
un nouveau sens donné à la vie .... » 123

CONCLUSION .... » 127

BIBLIOGRAPHIE .... » 129

Achevé d'imprimer
en avril 1995
à Milan, Italie, sur les presses
de Ingraf s.r.l.

Dépôt légal : avril 1995
Numéro d'éditeur : 3817